소파 위의
변호사

‘예능’을 ‘다큐’로 받는 변호사의
TV 속 법률 이야기

김민철 지음

소파 위의
변호사

루아크
RUACH

"법은 어렵지 않아요. 법은 불편하지도 않아요.
법은 우릴 도와주어요. 법은 우리를 지켜주어요."

드라마 〈슬기로운 감빵생활〉에 자주 등장하는 이 노래는 윤형주의 〈지킬수록 기분 좋은 기본〉이라는 곡입니다. 교도소나 구치소의 아침 시간에 기상곡으로 재생된다고 하는데, 매일 같은 노래를 들어야 하는 재소자들은 이 노래를 아주 싫어한다는 이야기도 들립니다.

법무부의 준법 캠페인송으로 사용되는 노래인 만큼 가사는 아주 직관적이면서도 설득적입니다. 그런데 과연 법은 어렵지 않고, 불편하지 않고, 우리를 지켜줄까요?

사실 법은 매우 어렵습니다. 일단 그 내용이 매우 방대합니다. 한국에는 수많은 법률이 있는데, 그 법률 아래에는 또 숱한 하위 규범(시행령, 시행규칙 등)이 존재합니다. 법을 잘 알려면 법에 관한 판례도 알아야 하는데, 법원 판례도 무수히 많습니다. 또한 판례는 수시로 바뀌므로 꾸준히 공부해야 합니다.

실상 법은 불편함을 야기할 때도 있습니다. 법은 당연히 지켜야 하는 것이지만, 법을 온전히 준수하는 일이 쉽지 않은 게 현실입니다. 흔한 예로 도로교통법에 규정된 신호 준수, 과속 금지, 주정차 위반 금지 등을 항상 지키면서 운전하는 건 생각보다 어려운 일입니다.

솔직히 법이 모든 사람을 도와주고 지켜주는지 의문을 가진 사람도 많습니다. 돈과 권력을 가진 사람들이 잘못을 저지르고도 전혀 책임을 지지 않거나 아주 약한 책임만 감당하는 모습을 보면 "무전유죄 유전무죄"라는 비판이 오늘날에도 유효한 것은 아닌지 의심이 들기도 합니다. 그래서 법은 친숙하기보다는 낯설고, 부드럽다기보다는 딱딱한 느낌을 주는 존재인지도 모르겠습니다. 법에 대한 거리감에는 어느 정도 타당한 이유가 있겠지만, 그럼에도 한 가지 변함없는 사실이 있습니다. 법 없이 살 수는 없다는 겁니다. 법이 없는 사회는 혼란과 무질서가 판을 치는 아수라장이 될 가능성이 아주 높습니다. 그 무법의 세상에서는 아마도 힘이 약한 사람일수록 피해가 클 것입니다.

다른 사람과 공존하며 살아가는 이상 법의 존재를 인정할 수밖에 없다는 사실을 받아들인다면, 그다음 할 일은 법을 잘 활용하는 일일 것입니다. 모든 사람이 의사가 될 필요는 없듯이 모든 사람이 법률 전문가가 될 이유도 없습니다. 하지만 기본적인 사항은 알아두는 게 생활에 도움이 됩니다.

법은 아주 쉽지도 않지만 그렇다고 비범한 사람들만 이해할 수 있는 고차원적 방정식도 아닙니다. 법을 지배하는 원리나 논리는 보통 사람의 상식에 바탕을 둔 것이 대부분이므로 조금만 노력을 기울인다면 어렵지 않게 이해하고 받아들일 수 있습니다.

독자분들이 조금이라도 법과 가까워질 수 있게 하는 방법이 무엇일까 고민하다가 대중문화를 활용하기로 했습니다. 평소 손쉽게 접할 수 있는 드라마, 영화, 예능, 다큐를 법의 시각으로 바라보면서 설명을 덧붙였습니다. 법을 전공하지 않은 사람도 이해할 수 있도록 가급적 쉽게 쓰려고 노력했는데 목표를 얼마나 달성했는지는 모르겠습니다.

소파 위에 앉아서 편안하게 TV를 보는 것처럼 다소 가벼운 마음으로 책을 읽어주었으면 좋겠습니다. 그 과정에서 자연스럽게 법에 대한 친밀도가 높아지고 법을 조금 더 이해할 수 있게 된다면 저로서는 매우 기쁜 일이 될 겁니다.

글 내용을 구상하고, 문장을 고민하고, 초고를 여러 차례 수정하는 과정을 거치면서 수월하게 읽히는 책은 있어도 수월하게 만들어지는 책은 없다는 걸 다시 한 번 느꼈습니다. 책을 쓰는 시간은 제 능력이 부족하다는 걸 깨닫는 시간이기도 했습니다. 허점투성이 원고임에도 선뜻 출간을 결정해준 출판사에 감사를 전합니다.

그리고 늘 곁에서 힘과 용기를 주는 가족, 친구, 친지, 동료, 선후배, 지인들에게도 허리 숙여 고마움을 전합니다.

김민철

차례

4장 국가와 법

1장

일상과 법

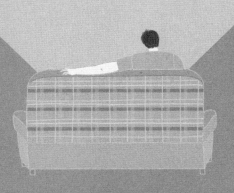

+ 보증을 서면
어떤 일이 생길까?

덕선이네가
반지하방에 살게 된 사정
_〈응답하라1988〉

반지하방에 사는 덕선이네

1980년대 후반 도봉구 쌍문동 골목에는 다섯 가족이 옹기종기 모여 살았다. 덕선이네, 정환이네, 선우네, 택이네, 동룡이네다. 가족 구성원도, 처한 환경도 저마다 다르지만 다섯 가족은 형제자매처럼 서로 의지하며 오순도순 살아간다.

복권에 당첨되어 벼락부자가 된 정환이네와 달리 덕선이네는 살림이 가난하다. 그래서 정환이네 반지하방에 다섯 식구가 세들어 산다. 일찍 남편을 여의고 선우와 어린 진주를 홀로 키우는 선우네보다 가난해 보인다. 덕선이 아버지(성동일)는 좋게 말하면 정이 많고 나쁘게 말하면 경제관념이 부족한 편이다. 거리에서 나물 파는 할머니를 보면 마음이 아파 그냥 지나치지 못하고 당장 필요 없는 반찬 재료를 대량으로 사기도 하고, 월급날이면 어려운 친구를 돕느라 백과사전 전집부터 태교 테이프까지 양손 한가득 들고 들어온다. 하지만 낭비가 심한 건 아니다. 그렇다고 덕선이 어머니(이일화)가 낭비를 하는 것도 아니다. 손이 커서 요리를 했다 하면 골목 잔치가 벌어질 정도로 푸짐하게 준비하지만, 평소에는 얼마나 알뜰한지 모른다. 더군다나 덕선이 아버지는 은행원이다. 그때나 지금이나 은행원은 비교적 고소득층에 속한다.

씀씀이가 헤픈 사람도 없고 은행원으로 가정에 소득이 확실한 사람이 있는데도 덕선이네는 반지하방에 산다. 그들은 왜 가난할까? 그건 바로 보증 때문이다. 덕선이 아버지는 친구에게 빚보증을 서주었다. 그런데 보증을 서준 일이 잘못되어 전 재산을 날린 것이다.

도대체 보증이 무엇이기에 "부모 자식 사이에도 보증은 안 선다"라는 말이 있는 걸까?

앉아서 빌려주고 서서 받는 것

돈을 빌리려고 시도해본 사람은 돈 빌리는 일이 얼마나 힘든지 알게 된다. 곳곳에 시중은행, 저축은행, 보험사 같은 금융기관이 즐비하지만 대출 문턱은 매우 높다. 비교적 낮은 이율로 대출이 가능한 제1금융권은 소득 증빙자료와 근무 경력, 부동산 현황 같은 신상에 관한 온갖 자료를 다 내놓으라고 하고는 막상 서류를 제출하고 나면 "대출이 어려울 것 같다"고 차갑게 거절하기 일쑤다. 대출 심사가 약한 곳은 높은 금리를 요구해서 큰 부담으로 다가온다. 그렇다고 지인에게 부탁하는 것도 쉬운 일이 아니다. 경제적으로 어려운 사정을 구구절절 말하는 일도 민망하고, 어렵게 부탁했는데 상대방이 거절해 괜히 사이가 틀어질까봐 걱정도 된다.

일반적으로는 채권자와 채무자 관계에서 돈을 빌리는 채무자가 약자 위치에 서지만 그렇다고 돈을 빌려주는 채권자가 항상 좋은 것만은 아니다. 돈을 빌릴 때는 모든 채무자가 기한 내에 반드시 갚겠다고 철석같이 약속한다. 하지만 막상 돈을 갚아야 할 시기가 되었는데도 돈을 갚지 않는 채무자가 적지 않다. 그때부터 채권자는 속을 끓이게 된다. "돈은 앉아서 빌려주고 서서 받는다"라는 속담은 그런 채권자의 답답한 마음을 대변한다.

채권자는 돈을 빌려주면서 '혹시라도 채무자가 돈을 갚지 못하면 어떻게 해야 할까?'를 생각해야 하고, 이에 대비하는 것이 현명하다. 이런 채권자의 고민 끝에 나온 제도가 채무자의 재산적 가치를 미리 확보해두는 담보제도다.

담보는 크게 물적物的 담보와 인적人的 담보로 나눌 수 있다. 물적 담보는 물건을 이용해 담보를 확보해두는 것인데, 대표적인 방법이 근저당권根抵當權 설정이다. 건물을 담보로 은행에서 돈을 빌리면 대부분 은행은 그 건물에 근저당권을 설정하는데 부동산 등기부등본에도 근저당권 설정 사실이 기재된다. 부동산에 근저당권을 설정해두면 채무자가 돈을 갚지 않았을 때 부동산에 대한 강제집행절차(경매)를 실시해 나중에 돈을 돌려받을 수 있다. 이때 근저당권을 설정해둔 사람은 다른 채권자보다 먼저 돈을 받을 수 있는 우선권을 갖는다. 그만큼 근저당권은 채권을 보호하기 위한 강력한 보호장치여서 채무자가 돈을 빌리는 데 큰 도움이 되지만, 부동산이나 물적 재산이 없는 채무자는 이를 활용할 수 없다. 이럴 때 사용할 수 있는 것이 사람에게 담보를 설정해두는 인적 담보인데, 대표 유형이 보증이다.

보증의 법률관계

쉽게 말해 보증은 채무자가 돈을 갚지 못하는 경우가 생기면 채무자가 아닌 보증인이 채권자에게 돈을 갚겠다고 약속하는 것이다. 보증인이 개입하기 전에는 '채권자-채무자'의 양자 관계지만, 보증인이 개입하면 '채권자-채무자-보증인'의 3자 관계로 변한다. 이때는 채무자만이 아니라 보증인도 채권자에 대해 일종의 채무를 지게 되는데, 채무자가 채권자에 대해 부담하는 채무를 주채무主債務라 하고, 보증인이 채권자에 대해 부담하는 채무를 보증채무保證債務라 한다.

보증인이 부담하는 보증채무는 주채무 때문에 생긴 부수적 채무라는 속성을 가진다. 주채무가 성립해야 보증채무도 성립하는 것이고, 주채무가 소멸하면 보증채무도 소멸한다. 이처럼 보증채무는 주채무를 따라다니는데 이걸 법률 용어로 부종성附從性이라 부른다. 또 보증채무는 주채무보다 클 수 없다. 곧 채무자가 채권자에게 갖는 채무가 1억 원인데, 이를 보증하는 보증채무가 1억 1000만 원일 수 없는 것이다.

보증채무는 보증인이 채권자와 보증계약을 체결해야 성립한다.

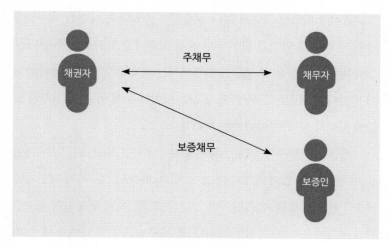

주채무와 보증채무

보증인 입장에서는 보증계약을 체결하기 전에 채무자가 돈을 갚을 능력이 있는지 궁금할 수밖에 없다. 하지만 채무자가 보증인에게 보증을 서 달라고 부탁하면서 자신의 재산 상황을 제대로 말하지 않는 경우가 많다. 채무자가 "내가 지금 돈이 없고 앞으로도 돈이 없을 가능성이 높다"라고 말한다면 당연히 보증을 서지 않을 테니 말이다. "원래 돈이 상당히 있는데 일시적으로 자금이 돌지 않아서 부족해졌다. 조만간 돈이 들어오면 바로 갚겠다. 절대 피해 보는 일 없게 하겠다"라고 호언장담하는 게 일반적이다.

　채무자에게 돈 갚을 능력이 충분히 있는 줄 생각하고 보증을 서주었는데, 알고 보니 처음부터 빈털터리였고, 자신에게 한 말이 모두 거짓이었다면 보증인은 채무자에게 속았다는 이유로 보증계약을 취소할 수 있을까?

판례에 따르면 그렇지 않다. 보증인이 속았다는 사실을 채권자가 알았거나 알 수 있었던 경우가 아닌 한 보증계약을 취소할 수 없다는 것이 법원의 판단이다.[1] 보증인 입장에서는 억울할 수 있겠지만 보증인이 속았다는 사정은 "채무자와 보증인 사이의 문제"이고 "채권자와 보증인 사이의 문제"는 아니라는 것이다.

채권자 입장에서 보면, 보증인도 보증채무를 부담하고 있는 사람 중 한 명으로 일종의 채무자라 할 수 있다. 따라서 채무자가 채권자에게 1억 원의 채무를 지고 있다면, 보증인도 채권자에게 동일한 액수만큼의 보증채무를 지고 있는 것이다. 곧 채무자가 기한 내에 돈을 갚지 않는 경우 채권자는 보증인에게 1억 원을 갚으라고 요구할 수 있다.

그런데 채권자의 요구에 바로 응해야 하는지, 아니면 다른 주장을 할 수 있는지는 보증 종류에 따라 달라진다. 일반적인 보증인은 채권자에게 이렇게 주장할 수 있다.

"내가 알아보니 채무자에게 돈이 많이 있다. 또 채무자에게서 돈 받는 일이 어렵지 않으니, 일단 채무자에게 먼저 가 보자."

이런 보증인의 권리를 '최고催告·검색檢索의 항변권'이라 부르는데, 원래 채무를 진 사람이 채무자임을 고려할 때 합리적 권리라 볼 수 있다. 하지만 연대보증인은 좀 다르다. 연대보증인은 최고·검색의 항변권이 없다. 채무자가 돈이 있든 없든 상관없이 채권자는 연대보증인에게 먼저 돈을 갚으라고 요구할 수 있다. 일반적 보증에서는 채무자가 1순위, 보증인이 2순위지만, 연대보증에서는 채무자와 연대보증인이 공동 1순위인 것이다. 참고로 채권자 입장에서는 사실상 돈을 갚아야 하는 사람이 두 명이 되는 효과가 있는 연대보증이 훨씬 유리하므로 실생활에서는 연대보증이 더 흔한 형태로 이용된다.

채권자가 돈을 갚으라고 해서 보증인이 돈을 갚았다면, 보증인은 자신이 갚은 돈만큼 달라고 채무자에게 요구할 수 있다. 보증인 입장에서는 자신의 빚을 갚은 게 아니라 채무자의 빚을 '대신' 갚은 것이기 때문이다. 이처럼 채무를 대신 갚은 사람이 원래 채무자에게 돈을 달라고 요구할 수 있는 권리를 구상권求償權이라 부른다.

보증인을 보호하기 위한 수단

지인의 부탁을 차마 거절하지 못하고 인간적인 정에 이끌려 보증을 서는 경우가 대부분이다. 하지만 다른 사람을 돕겠다는 선의에서 보증을 섰다가 채무자 대신 큰 빚을 떠안아 자신만이 아니라 온 가족이 피해를 보는 사례를 많이 보게 된다. 그럴 때면 보증이 정말 필요한 제도인지, 애꿏은 사람들에게 피해만 주는 악습이 아닌지 의심하게 된다. 하지만 보증은 긍정적인 기능도 있다.

당연히 보증은 채권자 입장에서 유용한 제도다. 채권에 대한 담보를 미리 확보해둘 수 있으니 말이다. 하지만 채무자 입장에서도 유익할 수 있다. 만약 보증과 같은 인적 담보 수단이 없다면 어떻게 될까? 부동산 같은 물적 담보를 제공할 수 없는 채무자는 아예 돈을 빌리지 못할 수 있다. 그 피해는 채무자에게 돌아간다. 이는 고금리로 대출을 하는 금융기관의 영업 행위를 원천적으로 막을 수 없는 이유와 유사하다.

바람직하다고 말하기는 어려우나 어쩔 수 없는 측면이 있는 것이다.

그렇다 하더라도 부작용을 최소화하려는 노력은 필요하다. 채권자와 채무자 사이의 채권채무 관계와 직접적 연관성이 없는 보증인이 부당하게 경제적·정신적 피해를 입지 않도록 방지하기 위해 금전채무에 대한 합리적 보증계약 관행을 확립할 필요가 있다. 이를 위한 법률이 바로 보증인보호를위한특별법(보증인보호법)이다.

보증인보호법의 주요 내용을 살펴보기 전에 먼저 알아두어야 할 사항은 보증인보호법의 적용 범위다. 보증인보호법은 모든 보증에 적용되는 것이 아니라, 친구를 위해 보증을 서는 경우와 같이 아무런 대가 없이 호의好意로 이루어지는 보증에 적용되는 법률이다. 따라서 호의 관계에 기반하지 않은 보증, 예를 들면 기업을 경영하는 대표자가 기업 채무에 대해 대표이사로서 보증채무를 지는 경우에는 적용되지 않는다.

보증인보호법의 주요 내용은 다음과 같다.

첫째, 보증계약을 체결할 때는 보증채무의 최고액最高額을 서면으로 특정特定해야 한다. 곧 말로 '보증인이 되겠다'라고 약속한다 해서 보증인이 되는 것이 아니라 반드시 서면으로 그 의사를 표시해야 하며, 그 서면에는 보증하는 채무의 액수가 얼마인지 적혀 있어야 하는 것이다. 채무자가 채무 내용을 정확하게 이해한 뒤 충분히 심사숙고해 보증을 서게 하려는 취지다.

둘째, 채권자는 보증인이 채무에 관한 사항을 알 수 있도록 해야 한다. 채권자는 채무자가 원금과 이자 그 밖의 채무를 3개월(채권자가 금융기관일 때는 1개월) 이상 갚지 않을 경우 지체 없이 보증인에게 그 사실을 알려야 한다. 또한 채무자가 특별히 연체를 하지 않더라도 보증인이 요청하면 채권자는 주채무의 내용과 그 이행 여부를 보증인에게 알려야 한다. 채무에 관한 상황을 보증인에게 미리 알려 혹시 모를 불상사를 대비하게 하려는 의도다. 만약 채권자가 이런 의무를 위반해 보증인에게 손해가 생겼다면 그 손해만큼은 보증인이 부담하지 않아도 된다.

셋째, 보증 기간을 채권자와 보증인이 따로 정할 수 있지만, 보증 기간을 별도로 정하지 않은 때에는 그 기간을 3년으로 본다. 이렇게 보증 기간에 제한을 두는 이유는 무제한적으로 길게 보증을 서야 하는 폐해를 막기 위해서다.

보증은 돈을 빌리려는 사람과 빌려주려는 사람의 필요에 의해 생겨난 제도다. 그러나 앞서 이야기했듯 문제가 생길 여지가 많은 제도이기도 하다. 따라서 보증을 서는 것으로 채무자와 비슷한 의무를 져야 하는 보증인으로서는 채무자가 부담하는 채무의 내용이 무엇인지, 채무자의 경제적 상황은 어떤지 등을 꼼꼼하게 챙겨봐야 예상치 못한 피해를 최소화할 수 있을 것이다.

+ 농담으로 한 말도 지켜야 할까?

정용화가 FNC엔터테인먼트의
경영권을 요구한다면
_〈라디오스타〉411회

정용화 vs 이홍기

FNC엔터테인먼트는 유재석, AOA, 이동건, 정우, 노홍철 등을 소속 연예인으로 둔 대형 연예기획사다. 하지만 과거에는 지금처럼 FNC 엔터테인먼트의 존재감이 크지 않았다. FNC의 성장에 크게 기여한 아이돌 그룹으로는 FT아일랜드와 씨엔블루가 꼽힌다. 그러니 FNC를 이끌고 있는 한성호 대표도 두 그룹에 대한 애정이 무척 클 것이다. 특히 두 그룹에서 가장 인기가 많은 이홍기와 정용화에 대한 애정이 남다를 법하다.

〈라디오스타〉에 한성호 대표가 게스트로 출연하자 MC 김구라는 이 점을 파고든다. 김구라는 한성호 대표에게 만약 회사를 물려준다면 정용화와 이홍기 중에서 누구에게 물려줄 것인지 짓궂게 묻는다. 정용화와 함께 〈라디오스타〉에 출연해서인지는 모르겠지만 한성호 대표가 "용화에게 물려준다"라고 답하자 정용화는 굉장히 좋아하면서 "구두계약 아니냐"고 되묻는다.

그러자 김구라가 정용화를 타박하며 한마디 보탠다.

"뭘 써야지!"

음악, 시사, 연예, 정치, 신변잡기 같은 다방면의 지식을 뽐내기 좋아하는 김구라의 주장은 계약서를 작성하지 않았기 때문에 계약이 성립하지 않는다는 취지다.

구두계약도 법적 효력이 있는 계약일까? 농담으로 한 말도 지켜야 하는 걸까?

계약에 필요한 두 가지

계약이라고 하면 사람들은 뭔가 거창한 이미지를 떠올리곤 한다. 고층 건물 꼭대기 층의 통유리로 둘러싸인 고급 회의장에서 대형 로펌 변호사들을 대동한 채 회사 경영권을 다투는 M&A 계약을 체결하는 장면을 생각하거나, 그 정도까지는 아니더라도 부동산 임대차계약서 같은 종이로 된 서류를 앞에 두고 계약 당사자들이 함께 도장 정도는 찍어야 계약을 체결했다고 느끼는 것이다. 그래서 계약은 일상에서 쉽게 접할 수 없는 이례적인 일로 인식하기 쉬운데 실제로는 그렇지 않다. 우리는 알게 모르게 일상에서 수많은 계약 행위를 하고 있다.

꽤 오래전에 유행한 광고 중에 '비트박스' 넣는 법을 알려주는 광고가 있었다.

"비트박스를 잘 하려면 두 가지만 기억하세요. 북치기, 박치기."

비트박스가 '북치기'와 '박치기'로 구성되었듯 계약도 청약請約과 승낙承諾으로 되어 있다. 청약은 계약을 체결하자는 제안이고, 승낙은 청약에 부응해 계약을 성립시키겠다는 의사표시다. 버스를 이용하는 행위를 예로 들어보자. 버스를 타고 이동하는 간단한 행위에도 버스운송계약이라는 법적 행위가 숨어 있다. 정류장에 버스가 정차하고 승객이 버스에 오르는 행동은 버스운송계약의 청약에 해당하고, 버스 운전기사가 승차를 거부하지 않고 승객을 받아들이는 것은 버스운송계약의 승낙이라 볼 수 있다.

계약이 성립하려면 청약과 승낙을 통해 양 당사자의 의사가 일치하면 되는 것이지, 반드시 계약서가 작성되어야 하는 것은 아니다. 예외적으로 서면으로 된 계약서가 있어야 계약이 유효한 경우(예를 들면 보증계약)도 있지만, 원칙적으로는 계약서가 없어도 된다. 계약서도 없는데 법적으로 유효하다는 게 얼핏 이상하게 들릴지 모르지만, 가만히 생각해보면 매우 당연한 이야기다. 예를 들어, 편의점에서 돈을 주고 물건을 구매하는 것은 일종의 물품매매계약인데, 이때 별도로 계약서를 작성하는 사람은 없다. 물건을 고르고 돈을 지불하면 그뿐이다. 만약 모든 계약이 계약서가 있어야 유효하다면 생활이 상당히 피곤해질 게 분명하다. 편의점에서 아이스크림 하나를 사려 해도 계약서를 작성해야 할 테니 말이다.

계약서의 중요성

계약서 없이 말로 체결한 구두계약도 법적으로 효력을 가지지만, 그렇다고 계약서가 아무 의미도 없다는 말은 아니다. 어떤 계약은 계약을 체결할 때 계약서를 꼭 작성해서 상대방에게 주어야 하는데, 대표적인 계약이 하도급계약과 근로계약이다.

하도급은 건설공사, 물건 제작과 같은 일을 본인이 직접 하지 않고 다른 사람에게 맡기는 걸 말한다. 업무를 시키는 사람(원사업자)은 업무를 실행하는 사람(수급사업자)에게 하도급계약의 내용과 하도급대금의 지급 방법을 기재한 하도급계약서를 반드시 제공해야 한다.[2] 근로계약도 마찬가지다. 사용자('사용'은 주로 사물에 쓰이는 단어라 '사용자'라는 용어가 적절치 않다고 생각하지만 '사용자'는 근로기준법에도 명시된 법률용어니 그대로 사용하겠다)는 근로자에게 근로시간, 임금 등을 기재한 근로계약서를 제공해야 한다.[3] 만약 하도급계약서나 근로계약서를 제공하지 않으면 하도급법이나 근로기준법에 따라 처벌받을 수 있다.[4]

그럼 하도급계약이나 근로계약에서 계약서가 작성되지 않으면 계약 자체가 없는 것이라고 주장할 수 있을까? 물론 그렇지는 않다. 하도급계약서와 근로계약서를 작성하도록 법에서 강제하는 것은 계약의 주요한 내용, 이를테면 하도급계약에 따른 대금, 임금, 계약기간 등을 분명하게 정리한 서면을 통해 상대적으로 약자 위치에 있는 수급사업자와 근로자를 보호하기 위해서다. 하도급계약서나 근로계약서가 작성되지 않았다고 해서 그런 계약의 효력이 없어지는 것은 아니다.

계약서가 있어야 계약이 법적으로 유효한 것은 아니지만 중요한 계약을 체결할 때는 가급적 계약서를 작성하는 것이 바람직하다. 말로만 계약을 체결하면 그 계약 내용이 무엇인지 분명하지 않아 나중에 분쟁이 생길 여지가 많기 때문이다. 가족이나 친구처럼 가까운 사이에서는 계약서 작성을 꺼리는 경우가 있다. "우리 사이에 무슨 계약서야?"라고 말하면서 대수롭지 않게 여기는 것이다. 하지만 가까운 사이일수록 계약서를 작성해야 할 필요성이 더 높다. 특히 친구끼리 동업해서 일을 할 때 문제가 자주 발생한다. 처음에 동업을 시작할 때는 두 사람이 의기투합해서 일을 해 나가기 때문에 별다른 문제가 생기지 않지만, 사업이 커지면 이야기가 달라진다. 동업하는 과정에서 각자가 맡은 역할이 무엇인지, 사업을 위한 자금은 어떻게 마련할 것인지, 수익금은 어떻게 배분할지, 사업상 의사결정은 누가 담당하는지 등 미리 합의해두어야 할 부분이 매우 많다. 그런데 이런 사항을 명확하게 계약서에 적어놓지 않으면 나중에 서로 다른 주장을 하며 다툼을 벌일 가능성이 높다. 잘못하면 친구도 잃고 사업도 잃게 되는 최악의 결과가 생긴다.

가급적 송사에 휘말리지 않는 게 바람직하겠지만 소송과 같은 법적 분쟁이 생겼을 때를 대비하기 위해서라도 계약서를 써두는 것은 중요하다. 소송에서 치열하게 법리 논쟁을 벌이는 때도 있지만 사실관계를 두고 다투는 일도 많으니 말이다.

은영은 예전에 빌려간 돈 300만 원을 돌려달라며 영지를 상대로 소송을 제기했고, 증거로 300만 원을 입금한 계좌이체 확인서를 제출했다. 계좌이체 확인서는 돈을 빌려줬다는 사실에 대한 비교적 강력한 증거지만, 완벽한 증거는 아니다. 만약 영지가 "과거에 은영이 나에게 빌려간 돈을 갚은 것이다" 혹은 "사업자금으로 쓰라며 그냥 준 것이다"라고 주장한다면, 은영의 입장에서는 곤혹스러울 수 있고 추가 주장을 하거나 새로운 증거를 제출해야 한다. 하지만 만약 은영과 영지가 함께 체결한 금전대여계약서(차용증)가 있다면 구구절절한 설명이 필요 없을 것이다.

하자 있는 계약

법에 관한 격언이나 유명한 명제를 법언法諺이라 하는데, 계약에 관한 굉장히 유명한 법언이 있다.

"계약은 지켜져야 한다pacta sunt servanda!"

계약을 준수해야 한다는 건 상식적이고 당연한 말이다. 계약을 체결해놓고 지키지 않을 것이라면 굳이 계약할 필요가 없기 때문이다. 하지만 계약을 한 뒤 계약 내용과 다른 주장을 하는 일이 적지 않다. 계약 위반을 이유로 손해배상을 요구할 때 계약의 구체적 내용을 잘 알지 못한 상태에서 계약을 체결했다는 식으로 반박하는 경우가 대표 사례다. 실제로 계약서에 무슨 내용이 적혀 있는지 제대로 보지 않았다면 억울할 수도 있지만 '계약은 지켜져야 한다'는 민사법의 대원칙에 따라 그 반박이 받아들여질 가능성은 높지 않다. 약속과 계약은 신중히 해야 하는 법이다.

물론 모든 원칙에는 예외가 있기 마련이다. 계약에서도 마찬가지다. 계약 이행을 강제했을 때 지나치게 큰 부작용이 생기는 걸 방지하기 위해 출구를 열어둔 것이다. 예외적으로 계약이 무효이거나 취소되는 대표 사례로는 ① 만 19세가 되지 않은 미성년자의 행위(부모의 동의 없이 이동통신서비스에 가입하는 경우), ② 강행법규에 위반된 행위(부동산 중개에 관한 법령에서 정한 한도를 초과해 부동산 중개수수료를 약정하는 경우), ③ 사회질서에 위반되는 행위(도박 빚을 갚으려고 부동산을 양도하는 경우) 들이 있다. 계약이 무효가 되거나 취소되면 계약의 효력이 사라져 계약에 따른 행동을 하지 않아도 된다. 또한 의사표시에 하자가 있는 경우에도 계약의 효력에 문제가 있어 계약을 지키지 않아도 되는데, '진심이 아닌 의사표시(비진의 의사표시)'도 그중 하나다.

철진은 고급 아파트에 사는 친구 규호의 집에 놀러갔다. 평소 철진은 규호의 집을 부러워했는데, 그날도 "나도 이런 집에서 한번 살아 보고 싶다"라고 말했다. 규호는 마침 그날이 만우절이기도 해서 농담으로 "네가 그렇게 원하면 이 집을 시세의 반값에 팔겠다"라고 말했다. 두 사람 모두 그냥 웃고 넘겼는데, 다음 날 철진이 규호에게 시세의 반값을 줄 테니 아파트를 넘기라고 정색하면서 요구했다. 규호는 철진에게 아파트를 팔아야 할까? 팔지 않아도 된다면 법적 근거는 무엇일까?

규호는 실제로 철진에게 아파트를 반값에 팔 생각이 없었기 때문에 반값에 팔겠다는 규호의 말은 진심(진의)이 아닌 의사표시다. 이렇게 진심이 아닌 의사표시도 원칙적으로는 유효하지만, 상대방의 말이 진심이 아니란 걸 알았거나 알 수 있었을 경우에는 효력이 없다. 원래는 농담으로 한 말도 지켜야 하지만, 농담이란 걸 상대방도 알았다면 지키지 않아도 된다는 말이다.

철진과 규호의 사례가 실제로 법적 분쟁으로 비화된다면 어떨까? 철진이 이기기는 쉽지 않다. 규호가 그 말을 한 날이 만우절이고, 굳이 고가의 아파트를 반값에 팔 이유가 없고, 두 사람이 평소에도 농담을 주고받는 친구 사이라는 걸 고려하면 규호의 말이 진심이 아니라는 것을 철진도 알았거나 적어도 알 수 있었을 것이기 때문이다.

FNC의 후계자

FNC의 후계자 문제로 돌아가보자. 물론 그럴 가능성이 극히 낮겠지만, 만에 하나 "FNC를 정용화에게 물려주겠다"라는 한성호 대표의 말을 근거로 정용화가 한성호 대표에게 FNC를 물려달라고 요구하면 어떻게 될까? 상식적으로 짐작할 수 있듯, 한성호 대표가 FNC를 정용화에게 물려줘야 할 법적 의무는 없다. 그 이유는 김구라의 말대로 그 내용을 단순히 계약서로 작성하지 않아서만은 아니다. 구두계약도 법적 효력이 있으니 말이다. 한성호 대표 입장에서는 두 가지 논리를 내세울 수 있다.

첫째, 한성호 대표의 발언 내용이 모호하다는 점이다. 계약이 성립하려면 청약과 승낙이 있어야 하고, 청약은 구체적이고 확정적 의사표시여야 한다. 그런데 "FNC를 물려주겠다"라는 표현은 그 의미가 불분명하다. 자신이 가진 FNC 주식을 양도하겠다는 것인지, 대표이사 지위를 넘기겠다는 것인지, 아니면 다른 방법을 사용하겠다는 것인지 명확하지 않아 확정적 의사표시로 보기 어렵다. 계약 성립에 필요한 청약 자체가 없었다고 볼 수 있는 것이다.

둘째, 한성호 대표의 발언이 비진의 의사표시라는 점이다. 예능 프로그램에 나와 진행자의 질문에 FNC를 물려주겠다는 말을 진담으로 받아들이는 사람은 없을 것이다. 실제로 한성호 대표의 발언 뒤에 정용화가 장난스럽게 문제 제기를 했지만 사람들은 가볍게 웃고 넘겼다. 곧 한성호 대표의 발언은 진심이 아닌 농담이었고, 정용화도 그 발언이 농담인 줄 알고 있었으므로, 이런 의사표시는 무효라고 봐야 한다.

계약이 성립하는 데에 특별한 형식이 필요한 건 아니므로 말로 하는 구두계약도 원칙적으로 유효하다는 점을 명심하자. 또한 계약은 지키는 게 기본이므로 지키지 못할 약속을 남발하는 건 자제해야 할 것이다. 그렇다고 농담으로 한 말까지 지키라고 강요하는 건 지나치게 가혹한 처사가 아닐까?

+ 기계는 거짓과 진실을 구별할 수 있을까?

서중원 변호사가 의뢰인에게
거짓말탐지기를 꺼낸 까닭
_〈굿와이프〉 9회

의뢰인에 대한 테스트

늦은 밤 친구에게 전화가 온다. 다급하고 떨리는 목소리로 도와달라는 요청을 받은 서명희 변호사(김서형)는 직감적으로 큰 사건이 터졌음을 알아챈다. 친구가 털어놓은 일은 바로 자신의 집에서 발생한 살인사건이었다. 보안 상태가 꽤 좋은 고급 주택에서 남편, 아이와 함께 지내던 그녀의 가족은 금요일이면 베이비시터를 불러 아이를 돌보게 했다. 그런데 그 베이비시터가 욕실에서 참혹하게 살해된 상태로 발견된 것이다.

문제는 범인으로 의심받는 사람이 바로 그의 남편이라는 점이다. 피해자를 마지막으로 본 게 남편인데다 집에 외부 침입의 흔적이 없었기 때문이다. 경보시스템이 울리다가 곧 해제된 점과 흉기로 사용된 부엌칼이 집 안에 있던 물건이라는 사정은 남편에 대한 의심을 더욱 강하게 불러일으켰다. 부인은 놀라고 걱정되고 무서워서 어찌할 바를 모르고 있는데, 사건 발생 당시 심야영화를 보러 나간 남편은 핸드폰이 꺼져 있어 연락이 안 된다.

뒤늦게 연락을 받은 남편은 허겁지겁 서명희 변호사가 대표로 있는 로펌 MJ로 찾아온다. 서명희 변호사가 친구를 달래고 안심시키는 역할을 담당하고, 남편의 변호는 서중원 변호사(윤계상)가 맡는다.

베이비시터에게 문을 열어주고 영화관으로 갔을 뿐 살인사건과 무관하다는 남편의 이야기를 심각한 표정으로 듣던 서중원 변호사는 검찰에 출두하기 전에 한 가지 할 일이 있다고 말한다. 곧이어 로펌 직원들이 들어와서 거짓말탐지기를 꺼내 테스트를 준비한다. 당황해하는 의뢰인을 향해 서중원 변호사는 검찰에서 묵비권을 행사할지 말지, 아니면 그동안 있었던 일을 전부 말하는 게 나을지 같은 향후 변론 전략을 수립하기 위해 정보가 필요하다는 설명을 덧붙인다.

드라마, 영화, 예능 프로그램에 종종 등장하는 거짓말탐지기. 과연 진실과 거짓을 가릴 수 있을까?

거짓말탐지기의 작동 원리

거짓말탐지기의 역사는 꽤 오래되었다. 1878년 이탈리아의 심리학자인 안젤로 모소Angelo Mosso가 검사 대상자의 호흡과 혈압의 변화

를 측정하는 기계를 발명했다. 한국에는 1967년에 처음으로 거짓말탐지기가 도입되었다.[5]

거짓말탐지기의 작동 원리는 간단하다. 사람들 대부분은 거짓말을 할 때 평소와 다르게 행동한다. 땀을 흘린다든지, 심장박동이 빨라진다든지, 입이 마른다든지 하는 신체적 반응을 보이는 것이다. 그래서 특정한 질문을 했을 때 신체에 이상 반응이 나타나는지 여부를 관찰해서 진실을 말하고 있는지 아니면 거짓말을 하고 있는지 알아보는 것이다.

거짓말탐지기를 통한 검사는 방법도 여러 가지고 각 검사 방법별로 검사 단계도 복잡하지만, 간단히 설명하면 다음과 같은 과정을 거친다. 먼저 범죄와 무관한 사실을 질문한다. 예를 들어 "이름이 무엇인가요?" "지금 사는 곳은 어디인가요?"와 같이 단순하고 거짓말할 필요가 없는 사실을 물어보면 검사받는 대상자는 정상적인 신체반응을 보인다. 그 뒤에 범죄와 관련 있는 질문, 이를테면 "범죄 장소에 간 적이 있나요?" "피해자를 본 적이 있나요?" 같은 질문을 던져 대상자가 보이는 신체 반응을 살핀다. 그래서 범죄와 무관한 질문을 했을 때의 반응과 비교해 거짓말 여부를 판단하는 것이다.

영화나 드라마에서는 특정 질문에 대한 대답이 나오면 곧바로 진실 혹은 거짓으로 단정적으로 표시되지만, 현실은 그것보다 복잡하다. 검사 결과를 분석하는 작업이 필요한데, 각각의 질문에 대한 대상자의 반응을 점수로 환산하고, 환산한 점수를 토대로 진실반응, 거짓반응, 판단불능을 판정한다.[6]

거짓말탐지기를 사용할 수 있는 경우

수사 방법에는 임의수사와 강제수사가 있다. 임의수사는 수사기관이 강제력을 행사하지 않고 상대방의 동의나 승낙을 받아 행하는 수사고, 강제수사는 상대방의 동의나 승낙을 받지 않고 강제로 행하는 수사다. 범인으로 의심되는 사람에게 경찰에 출석할 것을 요청하고, 그 사람이 자발적으로 나와 진술하는 피의자 신문조사가 임의수사의 대표 사례라면, 체포영장을 받아 피의자를 잡아들이는 것이 강제수사의 대표 사례다.

거짓말탐지기를 이용한 검사는 임의수사일까, 강제수사일까? 달리 말해 경찰이나 검찰이 보기에는 피의자가 거짓말을 하는 것 같은데도 피의자가 사실이라고 우기는 경우 경찰이나 검찰은 거짓말탐지기를 사용해서 그 사람의 진술이 맞는지를 강제로 확인할 수 있을까?

결론부터 말하면, 거짓말탐지기 검사는 임의수사의 일종이기 때문에 피의자가 거부하면 거짓말탐지기를 이용한 수사는 할 수 없다. 상대방의 의사에 반해 강제로 거짓말탐지기를 사용하는 건 왜 안 될까? 아무리 피의자라 하더라도 자신에게 불리한 사실에 대해서는 진술하지 않을 권리(진술거부권)가 있는데, 거짓말탐지기 검사를 억지로 받게 하는 것은 진술거부권을 침해해 강제로 진술하게 만드는 것으로 볼 수 있어서다. 이에 따라 경찰청 훈령인 '과학수사기본규칙'에서도 검사 대상자가 동의할 경우에만 거짓말탐지기 검사를 할 수 있다고 규정하고 있다.[7]

거짓말탐지기 검사 결과는
증거가 될 수 있을까?

그렇다면 거짓말탐지기의 정확도는 얼마나 될까? 한 언론기사는 정확도가 90퍼센트가량이라고 언급했는데,[8] 과연 그럴까?

기사에 인용된 90퍼센트의 정확도는 검찰 통계에 따라 산출된 수치다. 검찰은 2000~2004년 사이에 거짓말탐지기 검사 결과 피의자 진술이 거짓으로 나타나서 기소(起訴, 검찰이 형사재판을 청구하는 것)한 사건 1261건을 분석했다. 피의자 진술이 거짓으로 나타난 사건 중에서 유죄 확정판결을 받은 경우가 1165건이었는데, 이를 근거로 검찰은 정확도가 92퍼센트(1,165÷1,261×100)라고 주장한 것이다.

얼핏 들으면 그럴듯해 보이지만 이 주장이 맞으려면 법원의 판단이 사실과 100퍼센트 부합한다는 전제가 있어야 한다. 하지만 판사는 신이 아니며, 법원이 진실을 100퍼센트 알 수는 없으므로, 이 통계만으로는 거짓말탐지기 정확도를 알기란 어렵다. 보다 정확하게 말해서 90퍼센트라는 건 거짓말탐지기의 정확도라기보다는 일어난 사실에 대한 법원의 판단이 거짓말탐지기의 검사 결과와 일치할 확률을 보여줄 따름이다.

거짓말탐지기의 정확도에 대한 의문은 거짓말탐지기 검사 결과를 형사재판에서 증거로 사용해도 되는지에 대한 논쟁과도 연결된다.

먼저 반대하는 쪽(검사 결과는 증거로서 자격이 없다는 견해)은 크게 두 가지 이유를 제시한다. 하나는 거짓말탐지기 검사는 검사 대상자의 의사결정과 의사활동의 자유를 침해한다는 것이고, 다른 하나는 그 검사 결과를 그대로 믿을 수 없다는 것이다. 이에 반해 찬성하는 쪽(검사 결과는 증거로서 자격이 있다고 하는 견해)은 검사 대상자가 동의했으니 인격권이 침해되지도 않고, 검사 결과의 진실성이 어느 정도는 담보된다는 주장이다.

법원 입장은 어떨까? 대법원은 거짓말탐지기 검사 결과가 증거능력을 갖추려면 세 가지 요건이 필요하다고 본다.[9]

첫째, 거짓말을 하면 반드시 일정한 심리상태의 변동이 일어난다.

둘째, 그 심리상태의 변동은 반드시 일정한 생리적 반응을 일으킨다.

셋째, 그 생리적 반응에 의하여 검사대상자의 말이 거짓인지 아닌지가 정확히 판정될 수 있어야 한다(생리적 반응에 대한 거짓 여부 판정은 거짓말탐지기가 검사에 동의한 검사 대상자의 생리적 반응을 정확히 측정할 수 있는 장치여야 하고, 질문사항의 작성과 검사의 기술 및 방법이 합리적이어야 하며, 검사자가 탐지기의 측정 내용을 객관성 있고 정확하게 판독할 능력을 갖춘 경우여야만 한다).

곧 거짓말을 하면 반드시 불안한 마음(심리상태의 변동)이 생겨서 땀이 난다든지 하는 신체적 변화(생리적 반응)가 일어나고, 이런 변화를 정확하게 감지해서 거짓말 여부를 명확하게 판단해야 한다는 것이다. 얼핏 생각해봐도 매우 까다로운 조건이다. 현재 한국의 법원은 거짓말탐지기 검사 결과가 이 조건을 모두 충족하지 못한다고 판단한다. 결국 거짓말탐지기 검사 결과는 증거로서 자격을 갖추지 못한다고 본다. 대법원 입장을 간단하게 정리하면 아직 거짓말탐지기를 충분히 믿을 수 없다는 것이다.

거짓말탐지기의 기본 원리는 거짓말은 나쁜 것이라고 믿고 그에 따라 행동하는 선한 사람이 존재한다는 것을 전제로 한다. 그러나 모든 사람이 선한 건 아니다. 보통의 사람이라면 거짓말을 하면 불안한 마음을 느끼지만, 눈 하나 깜짝하지 않고 거짓말을 하는 사람도 있고, 불안한 마음을 느끼더라도 생리적 반응이 나타나지 않는 사람도 있다. 또 그런 반응이 나타나더라도 기계가 거짓말 여부를 100퍼센트 정확하게 측정할 수 있을지, 기계가 측정한 수치를 사람이 완벽하게 해석할 수 있을지도 알 수 없다. 이런 점을 생각하면, 대법원의 태도를 이해할 수 있다.

거짓말탐지기 검사 결과를 증거로 인정하지 않는 대법원의 태도에는 정책적 이유도 어느 정도 있을 것이다. 법원의 주된 역할은 크게 두 가지라 볼 수 있다. 하나는 서로 대립하는 당사자의 말 중에서 누구의 말이 더 신빙성 있는지 가려 사실관계를 확정짓는 일이고, 다른 하나는 확정된 사실관계에 법리를 적용해 법적 판단을 내리는 일이다.

그런데 거짓말탐지기가 완벽하고도 정확한 결과를 보여준다면 어떤 일이 생길까? 너도나도 거짓말탐지기 검사를 하려 할 것이다. 그 검사 결과에 따라 사실관계를 확정하면 되므로 각종 증거자료를 깊이 들여다보거나 증인을 불러 몇 시간 동안 질문함으로써 실제 어떤 일이 있었는지 알아보려는 지난한 과정을 거치지 않아도 되니 말이다. 그렇다 하더라도 법리를 적용하는 법원의 고유 역할은 유지되겠지만 기계가 판사의 역할 중 상당 부분을 담당하게 되므로 사실관계까지 확정하는 지금보다는 그 역할이 상당히 축소될 가능성이 높다.

거짓말탐지기의 가치와 한계

거짓말탐지기 검사 결과가 증거로서 자격이 없다고 해서 거짓말탐지기가 전혀 쓸모 없는 것은 아니다. 수사 단계에서 피의자의 동의를 받아 진행한 거짓말탐지기 조사 결과는 피의자 진술의 신빙성을 판단하는 참고자료 또는 피의자의 범죄 혐의를 확인하는 보조 수단으로 활용할 수 있다. 수사기관에서 자신의 말을 믿어주지 않을 때 피의자는 거짓말탐지기 검사를 해보자고 먼저 요청할 수 있다.

거짓말탐지기는 수사 단계에서 활용 빈도가 점점 높아지고 있다. 경찰청은 수사 과정에 거짓말탐지기를 활용한 건수가 2014년 8460건에서 2016년 9845건으로 약 1400건 늘었고, 국립과학수사연구원에서도 2015년까지 매년 평균 800건 수준이었던 거짓말탐지기 활용이 2016년에는 1000건으로 증가했다고 밝혔다.[10]

거짓말탐지기 검사 결과가 '진실'로 나온다면, 피의자의 말이 사실인지 아닌지 의심하던 경찰관의 마음을 움직이는 데 기여할 수 있다. 물론 거짓으로 나온다면 의심을 더 강하게 불러일으키는 부작용이 생길 것이다. 따라서 검사 요청은 신중해야 한다.

거짓말탐지기를 활용하는 일이 점점 많아진다 하더라도 거짓말탐지기가 모든 것을 해결해주는 만능열쇠가 될 수는 없을 것이다. 과학

기술이 날로 발전하면서 온갖 기계가 발명되고 진화하고 있는 지금도, 진실과 거짓을 가리는 일은 인간 고유의 일이다. AI 기술의 발전으로 진실과 거짓을 쉽게 구별해 말해줄 수 있는 날이 과연 올까?

+ 오줌싸개라고 말하면 명예훼손인 걸까?

법정에 선 유재석

_〈무한도전〉193회

〈무한도전〉 MT에선 도대체 무슨 일이 있었던 걸까?

2009년의 일이다. 당시 〈무한도전〉 멤버들(유재석, 길, 노홍철, 정형돈) 은 제작진(김태호 PD, 제영재 PD)과 함께 제주도로 MT를 갔다. 그런데 그 곳에서 사건이 발생했다. 밤에 재밌게 놀고 아침에 일어나보니 바닥에 정체불명의 액체가 흥건했던 것. 그 액체 옆에는 길이 누워 있었는데 바지를 입지 않은 상태였다.

이 장면을 본 유재석은 말한다.

"길이 밤에 술을 마시다가 방에 오줌을 싼 것이다!"

같은 상황을 두고 길은 다르게 말했다.

"바닥에 절대 오줌을 싼 적이 없다."

길은 결백을 호소하며 자신을 '오줌싸개'라고 말한 유재석이 명예를 훼손했다고 펄쩍 뛴다. 거짓말로 자신의 명예를 실추시킨 유재석에게 법적 책임을 묻겠다며 길은 가상 소송을 제기한다. 유재석이 있지도 않은 사실로 자신의 명예를 훼손했으니 정신적 손해에 대한 배상금으로 10억 원을 달라는 요구다.

길의 소송 제기에 따라 〈무한도전〉에서는 가상 법정이 열린다. 실제 법정은 아니지만 변호사로 활동하는 현직 법조인까지 출연해 길이 무단방뇨를 했는지, 오줌싸개라는 말로 길의 명예가 훼손된 것인지를 두고 치열한 공방이 벌어졌다.

> 유재석의 말 때문에 명예가 훼손되었다는 길과
> 있었던 사실을 그대로 말했을 뿐인데
> 그게 무슨 문제가 되냐며 반박하는 유재석.
> 두 사람 중 누구 말이 맞을까?

지켜야 할 것

다음 빈칸에 공통으로 들어가는 말은 뭘까?

| ○○혁명 | ○○의 전당 | ○○퇴직 | ○○박사 |

정답은 '명예'다. 명예의 사전적 정의는 "세상에서 훌륭하다고 인정되는 이름이나 자랑"이다. 명예를 싫어하는 사람은 없을 것이다. 명예는 누구나 추구하는 고귀한 가치다. 명예를 얻고 싶은 욕구가 당연하듯, 명예가 훼손되는 일을 싫어하는 것도 자연스럽다.

다른 사람의 명예를 훼손시키지 않는 가장 확실한 방법은 험담을 하지 않는 것이다. 하지만 그건 쉬운 게 아니다. 사람들에게는 이른바 '뒷담화' 욕구가 있다. 다른 사람의 흉을 보면서 카타르시스나 즐거움을 느끼는 것인데, 특히 직장인들에게 상사 욕은 직장 생활의 스트레스를 푸는 중요한 방법이기도 하다. '임금님 귀는 당나귀 귀'라는 사실을 말하지 못하면 화병이 나는 것도 뒷담화의 욕구가 충분히 해소되지 못해서다.

어느 정도의 험담은 그냥 한 귀로 듣고 한 귀로 흘리는 게 상책이다. 그런데 표현 수위가 일정 수준을 넘어 다른 사람의 명예가 심하게 훼손되는 지경에 이르면 그냥 웃고 넘길 수만은 없다.

명예는 돈이나 부동산처럼 눈에 보이는 재산은 아니지만 매우 중요한 가치이기 때문에 우리 법은 명시적으로 명예를 보호하고 있다.[11] 명예를 훼손당한 사람이 사용할 수 있는 법적 구제수단으로는 형사적 방법과 민사적 방법이 있다. 명예훼손죄로 가해자를 고소하면서 형사적 처벌을 요청할 수도 있고, 정신적 피해에 대한 금전적 배상을 해달라는 민사소송을 제기할 수도 있는 것이다. 〈무한도전〉에서 길은 민사소송을 제기했으므로 여기서는 민사적 해결방법 위주로 살펴보겠다.

어떻게 하면 명예훼손이 될까?

명예훼손은 "피해자의 사회적 평가를 낮출 만한 구체적 사실을 표현하는 것"이다. 어떤 행동이 명예훼손인지 알려면 먼저 명예훼손의 첫 요건인 피해자에 대해 살펴봐야 한다.

법에서 말하는 '사람'은 두 종류가 있다. 주위에서 흔히 보이는 인간(유재석, 노홍철 등)을 법률용어로는 자연인自然人이라 하고, 주식회사 문화방송과 같이 흔히 말하는 인간과는 다르지만 법에서 인정한 사람을 법인法人이라 한다. 주의할 사실은 명예훼손의 피해자는 자연인만이 아니라 법인(회사)도 될 수 있다는 점이다. 회사에 대해 근거 없는 폄하를 하면 자칫 명예훼손 문제에 휘말릴 수 있다.

그리고 피해자가 누구인지 어느 정도 알 수 있을 정도로 피해자의 범위가 좁혀져야 한다. "서울에 사는 김모씨가 나쁜 짓을 했다"라고 말하는 것으로는 명예훼손이 성립되지 않는데, 그건 서울에 김씨 성을 가진 사람이 워낙 많아서 누구를 말하는 것인지 알 수 없기 때문이다. 주로 연예인에 대한 각종 추문을 담은 정보지(이른바 찌라시)에 연예인 실명은 나오지 않고 "탤런트 A" "가수 B"로만 표시되는 것도 누군지 알 수 없도록 해서 명예훼손이 되는 것을 예방하기 위한 것이다.

명예훼손의 첫 요건이 대상(피해자)이라면, 둘째 요건은 행위다. 명예훼손은 피해자의 사회적 평가를 나쁘게 할 만한 구체적 사실을 드러내는 일(사실의 적시)이다. 어떤 표현이 피해자의 사회적 평가를 나쁘게 만드는지에 대해 일률적으로 말할 수는 없고 구체적 상황에 따라 판단해야 한다.

모 대학의 철학과 교수는 강의 시간에 "노무현은 전자개표기 사기극으로 당선된 가짜 대통령이다. 자네들이 노무현 전자개표기 사기극 사건을 맡은 대법관이라면 어떻게 판결문을 쓸 것인지 리포트를 제출하라"라고 발언했다. 그런데 여기서 "전자개표기를 조작해 당선된 가짜 대통령"이라는 말은 그 표현의 대상이 되는 노무현 전 대통령의 사회적 평가를 깎아내리기에 충분하므로 명예훼손에 해당한다. 이에 법원은 "대학교수는 노무현 전 대통령의 자녀에게 2500만 원을 지급하라"라고 판결했다.[12]

명예훼손이 되려면 '사실'을 말해야 하는데, 사실과 구별되는 것으로는 '의견'(생각)이 있다. 구체적 사실을 말하지 않고 단지 특정 인물이나 사건에 관해 비평하거나 견해를 표명한 것에 불과할 때는 명예훼손이 되지 않는다. 거칠게 구분해서 "홍길동은 도둑질을 한 나쁜 놈이다"라고 말한다면 사실을 말한 것이 되고, "홍길동이 한 행동은 나쁜 행동이라고 생각한다"라고 말한다면 의견(생각)을 말한 것이 된다. 물론 현실에서는 사실과 의견을 명확히 구분하기가 쉽지 않다.

KBS의 〈뉴스해설〉이라는 코너에서 어떤 해설위원이 인사청문회에 관한 논평을 하자, 미디어 비평을 주로 하는 언론매체인 〈미디어오늘〉은 "도덕성에만 치우쳐 … 몇 명 낙마에 걸겠습니까"라는 대제목 아래에 "KBS 해설위원들의 엉뚱하고 경박한 논평·진행"이라는 소제목을 붙이고 KBS 논평을 비판하는 내용의 기사를 게재한 적이 있다. KBS 측은 〈미디어오늘〉의 허위보도로 명예가 훼손되었다며 소송을 제기했지만, 법원은 〈미디어오늘〉의 기사가 사실의 적시가 아니라 의견 표명에 불과하다는 이유로 명예훼손이 아니라고 판결했다.[13]

또한 반드시 허위 사실을 말해야 명예훼손이 되는 건 아니다. 실제로 일어난 사실이더라도 그 사람의 명예를 깎아내릴 수 있다면 명예훼손에 해당한다.

유란은 윗집에 사는 이웃 상규와 사이가 좋지 않다. 층간 소음을 항의하러 갔다가 오히려 욕만 먹은 탓이다. 어떻게 하면 상규에게 복수할 수 있을까 고민하던 차에 우연히 상규의 처벌 전력을 알게 되었고 "608호 김상규는 사기죄로 유죄판결을 받아 콩밥을 먹은 사기꾼이다"라고 적은 게시물을 아파트 복도에 붙였다. 상규가 사기죄로 처벌받고 수감생활을 한 게 실제 일어난 사실이긴 하지만 유란의 행위는 명예훼손이 될 수 있다.

명예훼손 vs 표현의 자유

명예 보호와 자주 충동을 일으키는 가치는 표현의 자유다. 사람의 명예는 당연히 보호되어야 하지만 명예를 지키는 일에만 지나치게 치중하다 보면 자칫 자유롭게 의사를 드러내는 표현의 자유가 위축될 수 있다. 표현의 자유는 언론·출판의 자유와 직결된다. 언론은 사회 감시자로 활동하며 사회의 각종 문제를 보도하는데, 그 과정에서 자연스럽게 특정인의 잘못을 거론할 수밖에 없고, 그 결과 보도의 대상이 되는 사람의 명예가 훼손될 여지가 크다.

그렇다면 비리, 부정부패, 위법행위 등을 비판적으로 보도하는 언론의 행위가 모두 명예훼손에 해당할까? 물론 그렇지 않다. 판례에 따르면 언론보도가 다른 사람의 사회적 평가를 깎아내리더라도 '진실성과 공익성'을 갖추고 있으면 명예훼손이 되지 않는다. 곧 언론보도의

목적이 공공의 이익을 위한 것이고 보도의 내용이 진실한 사실이면 명예훼손이 아니라고 보는 것이다.[14]

　언론에서 다루는 문제는 주로 정치·경제·사회 분야의 공적 영역이므로, 특정인을 원색적으로 깎아내리지 않는 한 공공의 이익을 위한다는 것을 비교적 쉽게 인정할 수 있다. 특히 한국 법원은 명예훼손을 당한 피해자가 공직자나 정치인처럼 광범위하게 국민의 관심과 감시의 대상이 되는 인물일 경우에는 대체로 그에 관한 보도가 공익성이 있다고 보는 편이다.[15]

　문제는 진실성이다. 상당한 의혹이 있어 보도를 했는데, 나중에 알고 보니 보도 내용과 실제가 다른 경우가 생길 수 있다. 모든 사실이 명확하게 밝혀진 뒤에 보도하면 진실한 보도가 될 가능성이 높아지겠지만, 그렇게 되면 언론보도의 생명인 신속성이 크게 저하된다. 요즘처럼 정보의 전파 속도가 가공할 정도로 빠른 시대에 뒷북 뉴스는 뉴스로서 가치가 매우 떨어진다. 그렇다고 '아니면 말고'식으로 아무렇게나 보도할 수도 없다. 잘못된 언론보도가 만드는 피해가 막심하기 때문이다.

　이처럼 언론보도에 필요한 신속성과 언론보도로 인한 파급력 사이에서 오는 갈등을 해결하기 위해 법원은 "진실이라고 믿을 만한 상당한 이유"라는 잣대를 사용한다. 곧 언론보도를 한 사람이 보도 내용이 진실이라고 믿게 된 데에 상당한 이유가 있으면, 설령 나중에 사실이 아닌 것으로 밝혀진다 하더라도 명예훼손 책임을 지지 않아도 되는 것이다.

　그렇다면 "진실이라고 믿을 만한 상당한 이유"가 있는지는 어떻게 판단할 수 있을까? 이는 언론인이 보도 내용의 진위 여부를 확인하기 위해 적절하고도 충분한 조사를 했는지, 그 진실성이 객관적이고 합리적인 자료나 근거에 따라 뒷받침되는지 등을 보고 결정한다. 보도를 하는 사람이 사실이 맞는지 알아보기 위해 취재를 충분히 했고, 취재 결과 확인한 여러 증거나 자료를 볼 때 사실로 믿을 만큼 설득력이 있다면 설령 결과적으로는 사실이 아니더라도 명예훼손으로 보지 않는 것이다. 반대로 충분한 취재 없이 추측에 기반해 기사를 작성해서 타인의 명예를 훼손할 경우에는 언론사 기자라 해도 그에 따른 법적 책임을 져야 한다.

명예훼손에 대한 민사적 구제 방법

인터넷 악성댓글에 상처를 받아 스스로 목숨을 끊는 사람이 있는 것에서 알 수 있듯, 다른 사람으로부터 부당한 공격을 당해 명예가 훼손되면 당사자 입장에서는 매우 큰 고통을 겪는다. 그러면 명예훼손을 당한 사람은 어떻게 피해를 구제받을 수 있을까?

가장 먼저 생각할 수 있는 방법은 법원에 손해배상청구소송을 제기해 돈으로 보상받는 것이다. 법원에서 명예훼손이라고 인정하면 피해자는 위자료(정신적 고통이나 피해에 대한 손해배상금)를 받을 수 있다. 하지만 한국 법원은 정신적 고통에 대한 위자료를 비교적 적게 인정하는 편이다.

명예는 훼손되기는 쉽지만 다시 회복되기는 어렵다. 2008년 유명 배우인 최민수 씨가 노인을 폭행했다는 소문이 파다하게 퍼졌는데 아직도 많은 사람이 이때의 일을 기억하고 있다. 그런데 이후 최민수 씨가 무혐의처분을 받은 사실을 아는 사람은 많지 않다. 사건으로부터 한참이 지났지만 노인 폭행 논란으로 최민수 씨의 명예는 완전히 회복되지 못한 것이다.

그래서 명예는 훼손되기 전에 미리 지키는 것이 중요하고, 그와 같은 이유로 법원도 미리 명예훼손 행위를 막을 수 있는 장치를 인정하고 있다. 이른바 '예방적 금지청구권'이다. 이는 다른 사람이 내 명예를 훼손시키려는 행위를 하려 할 때, 그 행위를 하지 못하도록 미리 요청할 수 있는 권리를 말한다. 실제로 어떤 두 회사가 광고로 상대방을 비난한 적이 있다. 이때 한 회사가 다른 회사에 "비난광고를 하지 말라"라고 요구했고, 법원이 그 회사 손을 들어준 적이 있다.[16]

하지만 언론·출판의 경우에는 매우 엄격한 요건을 갖춘 예외적 상황에서만 인정되고, 웬만해서는 사전금지가 인정되지 않는다. 사전금지를 쉽게 인정하면 헌법에서 금하고 있는 사전 검열을 허용하는 문제가 생길 수 있기 때문이다.

유재석 vs 길

"제주도에 MT를 가서 술을 마시던 중 방에서 오줌을 쌌다"라는 유재석의 말은 길에 대한 명예훼손에 해당할까? 정확한 판단은 법원 판결을 통해 내려지는 것이지만, 일반적 법리에 따를 때 명예훼손에 해당할 가능성은 높아 보이지 않는다.

먼저 피해자 부분을 살펴보자. '힙합가수 ㄱ씨'와 같이 추상적으로 표현된 것이 아니라, 길(본명 길성준)이라는 한 사람을 콕 집어 이야기했으므로 피해자가 누구인지는 명확하다. 그리고 "길이 오줌을 쌌다"라는 건 의견을 표명한 것이 아니라 구체적 사실 적시에 해당한다. 〈무한도전〉에서는 예능 프로그램 특성상 오줌을 쌌는지에 대해 치열한 공방을 펼쳤지만, 진실한 사실을 말하더라도 명예훼손에 해당할 수 있으므로 실제로 길이 오줌을 쌌는지 혹은 싸지 않았는지는 명예훼손 여부를 가리는 데는 크게 중요하지 않다(단 사실인지 여부는 명예훼손이 인정되어 손해배상 액수를 정할 때에는 영향을 미친다).

문제는 유재석의 발언이 길의 명성, 신용, 품성 등의 사회적 평가를 저하시켰는가 하는 점이다. 일반적인 경우에는 성인 남성이 술을 먹고 오줌을 쌌다면 그 사람의 사회적 평가가 매우 나빠질 것이다. 하지만 예능 프로그램에 고정적으로 출연해 활동하는 연예인은 다를 수 있다. 예능 프로그램이 희화화를 통해 웃음을 만드는 걸 기본 구조로 삼고 있는 이상, 다른 사람을 깎아내리는 일은 비일비재하다. 유재석이 강조하고 있는 바와 같이 예능 프로그램에서 화제의 중심에 서고, 하나의 캐릭터를 얻는다는 건 매우 좋은 일이다. 곧 '오줌싸개 길'이라는 이미지는 자연인 길성준 입장에서는 사회적 평가를 훼손시킬 수 있지만, 예능인(이었던) 입장에서는 사회적 평가가 저하되었다고 보기 어려울 것이다.

명예를 지키는 일은 중요하다. 나의 명예가 중요한 만큼 다른 사람의 명예도 존중해야 하는 것은 당연하다. 자칫 다른 사람의 명예를 훼손하면 민형사상의 법적 책임을 질 수도 있으니 말이다. 하지만 명예를 지키는 일에만 매몰되다 보면 표현의 자유가 위축되는 일이 발생할 수도 있다. 법이 명예훼손에 해당하지 않는 예외를 인정하는 이유다.

+ 어른과 아이의 법적인 차이는 뭘까?

밤 12시가 되자
포장마차로 달려가는 지은탁
_〈도깨비〉 10회

사고무친 지은탁

한 여고생이 있다. 평범한 고3 수험생이길 희망하지만 그녀의 인생은 비범하기 이를 데 없다. 원래 태어나지 않을 운명이었으나 도깨비 김신(공유)의 도움으로 겨우 목숨을 건져 출생하게 된 것부터 예사롭지 않다. 그러니 그녀의 삶이 보통 사람들과 같기란 요원한 일이다.

가장 큰 어려움은 죽은 귀신들이 눈에 보이고 그들의 목소리가 들린다는 것. 수시로 찾아와 자신들의 억울한 심경을 토로하는데, 여간 성가시지 않다. 귀신을 본다는 소문이 돌아 변변한 친구도 하나 없다. 엄마가 유일한 버팀목이었는데, 설상가상으로 그녀를 지켜주던 엄마마저 일찍 사망하는 바람에 그녀의 표현대로 "조실부모한 사고무친"이 되고 만다.

알다시피 그녀는 드라마 〈도깨비〉의 지은탁(김고은)이다. 지은탁에게는 이모와 이종사촌들이 있지만 하나같이 도움이 안 된다. 사람 괴롭히기가 특기인 그들은 차라리 없는 게 나을 것 같다. 지은탁은 빨리 어른이 된 뒤에 집을 벗어나 독립적으로 생활하기를 간절히 바란다. 그러던 어느 날 그녀 앞에 도깨비가 나타나고 자신이 도깨비 신부라는 사실을 알게 된다.

도깨비 신부로서 도깨비 집에서 함께 지내던 지은탁은 어느 날 초조하게 시계를 보고 있다가 밤 12시가 되자마자 도깨비 방으로 달려간다. 일부러 무심하게 무슨 일이냐고 묻는 도깨비의 질문에 지은탁은 한껏 들뜬 목소리로 말한다.

"1월 1일 새해, 저 방금 어른 됐어요!"

뭘 하고 싶느냐는 도깨비의 질문에 지은탁은 포장마차에서 소주를 마시고 싶다고 말한다.

어른이 되었다고 뛸 듯이 기뻐하는 지은탁! 어른인 사람과 어른이 아닌 사람은 법적으로 어떻게 다른 걸까?

헌법적인 측면: 선거권

일찍이 아리스토텔레스가 말한 바와 같이 인간은 정치적 동물이다. 국민이 정치에 참여하는 여러 방법 중 가장 보편적이고 가장 강한 영향력을 행사할 수 있는 것이 바로 선거에 참여해 투표하는 것이다.

이에 따라 헌법은 선거권을 보장하고 있다. 모든 국민은 법률이 정하는 바에 따라 선거권을 가진다.[17] 여기서 눈여겨봐야 할 부분은 "법률이 정하는 바에 따라"라는 표현이다. 얼핏 보면 모든 국민이 제한 없이 선거권을 가진다는 것처럼 보이지만, 실상은 법률에서 정하는 대로 제한적으로 선거권을 갖는다. 여기서 말하는 법률은 공직선거법이다. 공직선거법은 만 19세 이상이어야 대통령·국회의원·지방자치단체장 등에 대한 선거권을 가진다고 규정하고 있다.[18]

세상 물정 전혀 모르는 어린 아기에게 선거권을 주는 건 이상하므로 일정한 나이에 이른 사람에게 선거권을 주는 것은 타당하다. 문제는 그 일정한 나이를 얼마로 보느냐다. 현재 논의되는 방안은 지금보다 선거연령을 한 살 낮춰서 만 18세부터 선거권을 행사할 수 있도록 하자는 것인데, 대체로 고등학생인 만 18세에게 선거권을 주는 것이 바람직한지를 둘러싸고 논쟁 중이다.

찬성하는 쪽에서는 민주주의 발전을 위해 학생들의 정치활동을 인정하는 방향으로 제도가 개선되어야 한다고 주장하고, 경제협력개발기구OECD에 속한 국가 대부분이 선거연령을 만 18세로 규정하고 있다는 점을 근거로 든다. 반대하는 쪽에서는 선거연령을 낮추면 교육현장이 지나치게 정치적으로 변질되고 혼란이 생길 수 있다고 주장하면서 외국 학제와 한국의 학제가 다르다는 점을 강조한다.[19]

한편 공직선거법은 선거권만이 아니라 선거에 출마해 국민의 선택을 받을 수 있는 피선거권도 규정하고 있다. 선거권을 갖게 되는 나이보다는 피선거권을 취득하는 나이가 높다. 공직선거법 제16조에 따라 국회의원선거에 출마하려면 만 25세 이상이어야 하고, 대통령선거에 출마하려면 만 40세가 넘어야 한다.[20]

민법적인 측면: 계약을 취소할 수 있는 권리

'어른'이라는 단어는 법률적인 용어가 아니다. 어른과 가장 비슷한 의미의 민법상 용어는 '성년'인데, 성년은 만 19세 이상인 사람을 말한다.[21] 원래는 만 20세 이상이 성년이었으나 2011년 민법이 개정되면서 성년의 나이가 19세로 하향되었다. 주의할 점은 성년인지 여부를 계산할 때의 나이는 태어나자마자 1살로 보는 한국식 나이가 아니라 태어난 날로부터 1년이 지나야 1살이 되는 '만 나이'라는 점이다.

여기서 드라마에 등장한 사소한 옥에 티를 짚고 넘어가야 할 것 같다. 드라마에 나온 지은탁의 수험표를 보면 지은탁의 생년월일이 1998년 9월 13일이라는 걸 알 수 있다. 따라서 드라마의 배경 시점인 2017년 1월 1일이 되어도 지은탁은 만 19세가 되지 않았으므로 민법상 성년은 아니다. 곧 생일이 지나지 않은 지은탁은 아직 어른(성년)이 아닌 것이다.

혹시 지은탁이 성년의제조항을 근거로 성년이라고 주장할 수 있을지도 모르겠다. 만 18세의 미성년자라도 혼인을 하면 성년자로 보는 성년의제조항이 있는 건 사실이다.[22] 하지만 법률에서 말하는 혼인은 혼인신고를 해야 유효한 것이고, 지은탁과 도깨비 김신은 혼인신고를 하지 않았으므로 성년의제조항이 적용되지 않는다.

민법에서 성년과 미성년을 구별하는 가장 큰 이유는 누가 법률행위(이를 테면 계약을 체결하는 행위)를 했는지에 따라 그 효력이 달라지기 때문이다. 성년은 성년후견을 받고 있다든지 하는 특별한 사정이 없는 한 법률행위를 스스로 할 수 있지만, 미성년자가 법률행위를 하려면 법정대리인(주로 친권자인 부모)의 동의가 있어야 한다. 미성년자가 휴대전화기를 사용하기 위해 통신사 대리점에 가서 이동통신서비스에 가입하려고 할 때 대리점 직원이 친권자인 부모의 동의를 확인하는 것도 그 때문이다.

만약 법정대리인의 동의 없이 미성년자가 법률행위를 하면 어떻게 될까? 미성년자 본인 또는 미성년자의 부모가 그 법률행위를 취소할 수 있고, 법률행위를 취소하면 해당 법률행위는 효력이 없어지므로 계약 내용을 지키지 않아도 된다. 미성년자의 법률행위는 원칙적으로 취소할 수 있지만 물론 예외도 있다.

민법이 미성년자가 법률행위를 할 때 법정대리인의 동의가 필요하다고 규정하는 이유는 성년에 비해 판단능력이 상대적으로 낮을 것으로 예상되는 미성년자를 보호하기 위해서다. 따라서 미성년자에게 아무런 피해가 가지 않는 행위는 미성년자가 단독으로 할 수 있다. 예를 들어, 누군가 돈을 공짜로 주는 걸 증여라고 하는데, 증여를 받는 행위는 미성년자에게 이익이 되므로 법정대리인의 동의 없이 단독으로 할 수 있다.

미성년자를 보호해야 한다는 대원칙에 이의를 제기할 사람은 많지 않겠지만, 미성년자만이 아니라 미성년자와 법률행위를 한 상대방도 보호해야 할 필요성이 있다. 그래서 민법은 미성년자가 부모 동의 없이 한 법률행위지만 취소할 수 없는 몇 가지 예외를 두고 있는데, 대표 사례가 미성년자가 상대방을 적극적으로 속이는 경우다. 예를 들어, 미성년자가 주민등록증을 위조해 마치 미성년자가 아닌 것처럼 행동하면서 계약을 체결한 경우에는 계약을 취소할 수 없다.

형법적인 측면: 형사미성년자와 소년법

어떤 사람을 형벌로 처벌하려면 세 가지 요건을 모두 갖춰야 한다. 첫째는 특정한 행동이 범죄의 구성 요건에 해당해야 하고(구성요건 해당성), 둘째는 구성 요건에 해당하는 행위가 법률상 허용되지 않는 성질이어야 하고(위법성), 셋째는 행위를 한 사람에게 비난 가능성(책임)이 있어야 한다.

"책임 없으면 형벌 없다"는 것은 형사법의 대원칙이다. 책임을 질 수 있는 능력을 책임능력責任能力이라 부르는데, 사람들 대부분은 책임 능력을 가지고 있다. 자유롭게 의사를 결정할 수 있는 능력을 갖추고 있기 때문이다. 하지만 책임능력이 없는 사람도 있다. 바로 '형사미성 년자'다. 곧 각 사람의 특성, 이를테면 지적 수준·도덕 능력 등을 고려하지 않고 나이라는 일률적 기준을 적용해 형사상의 책임능력이 있는 지를 판단하는 것인데, 그 나이가 만 14세다.

만 14세가 되지 않은 형사미성년자는 범죄를 저질러도 처벌하지 않는다.[23] 형사미성년자는 형사처벌을 받지는 않지만 그렇다고 아무런 제재가 없는 것은 아니다. 소년법에 따른 보호처분은 가능하다.

소년법 적용을 받는 소년은 만 19세 미만인 사람을 말하는데, 소년이라는 용어가 사용되기는 했지만 남성만을 가리키는 것은 아니고 여성도 포함한다. 만 19세 미만의 소년이라고 해서 모두 동일한 적용을 받는 것은 아니다. 나이에 따라 다르게 취급된다. 먼저 만 10세 이상 만 14세 미만의 소년이 형벌법령에 위반되는 행위를 하면 형사처벌 대신 보호처분을 받는데,[24] 보호처분에는 감호위탁, 수강명령, 사회봉사명령, 보호관찰, 소년원 송치 같은 게 있다.

만 14세 이상인 소년은 형사미성년자는 아니어서 형사처벌이 가능하지만, 소년법에 따라 특별한 취급을 받는다. 곧 소년이 유기징역일 때는 부정기형을 선고받는 것이다. 부정기형不定期刑은 정기형과 대비되는 개념인데, 형을 선고할 때 기간을 특정하지 않고 범위를 정해놓는 방식이다. 예를 들어, 징역 3년은 정기형이지만, 단기 1년 장기 4년은 부정기형이 된다(단기 1년의 기간이 지나고 나면 그동안의 태도 등을 고려해 석방될 수도 있다). 또한 18세 미만인 소년은 최고형이 15년의 유기징역[25]이다(단 살인 등의 특정강력범죄를 범한 경우에는 특정강력범죄법에 따라 20년이다[26]).

복잡하게 설명했지만 소년법의 기본 취지는 만 19세가 되지 않은 사람에게는 만 19세 이상인 사람과 달리 아예 처벌을 하지 않거나 가볍게 처벌한다는 것이다. 형법에서 만 14세 미만의 아이가 범죄를 저질러도 처벌하지 않도록 규정하고, 소년법에서 만 19세 미만의 사람이 저지른 범죄는 관대하게 다루도록 정해놓은 까닭은 무엇일까? 아마도 아직 어린 사람이 저지른 잘못은 어느 정도는 봐줄 필요가 있다는 정서가 깔려 있어서일 것이다. 하지만 범죄를 저지르는 사람의 연령이 점차 낮아지고 그 범죄 수법이 성인을 능가하는 경우가 많아지면서 나이가 어리다고 봐주는 것이 바람직한지에 대한 의문이 생기기도 한다.

인천의 한 놀이터에서 놀던 초등학교 2학년생을 집으로 유괴해 살해한 뒤 시신을 잔혹하게 훼손하고 유기한 '인천 초등생 살인사건'은 많은 국민에게 커다란 충격을 주었다. 범행의 잔인함도 놀라웠지만, 범인으로 지목된 피의자 두 사람이 모두 10대 소녀였다는 점이 상당히 충격적이었다. 이 사건을 계기로 소년법에 대한 비판이 일었다. 잔혹한 범죄를 저지른 두 여학생이 소년법의 적용을 받는다는 사실이 알려지면서 소년법을 폐지하자는 여론도 높아졌다. 이에 따라 대통령까지 나서서 소년법 폐지를 고민해보자고 언급하기도 했다.

어른이 된다는 건 좋은 일일까? 헌법상의 선거권을 가져 정치적 의사를 표시할 수 있고 보호자의 동의 없이 각종 법률행위를 할 수 있다는 건 장점이다. 그러나 권리만 있는 건 아니다. 잘못을 하더라도 약하게 처벌하는 소년법을 성인에게 적용하지 않는 것은 성인은 자신이 한 행동에 온전한 책임을 져야 한다는 뜻이기도 하다. 어른이 된다는 건 그만큼 엄중한 일이다.

+ 정신병이 없어도 정신병원에 강제로 입원될 수 있을까?

강수아가 정신병원에
감금된 배경
_〈날, 보러 와요〉

"전 미치지 않았어요."

시사프로그램 〈추적24시〉를 연출하는 나남수(이상윤)는 채널Y의 스타 피디다. 그런데 한창 잘나가던 그는 프로그램 조작 사건에 휘말리면서 나락으로 떨어진다. 재기를 도모하는 그에게 방송국 국장은 〈고스트 로드〉라는 미스터리 프로그램을 맡기는데, 시사프로그램을 주로 연출하던 나남수 입장에서는 영 마땅치 않았지만 방송 복귀가 우선이기에 프로그램 제작에 뛰어든다.

프로그램 기획 과정에서 나남수는 강수아(강예원)라는 의문의 여성이 보낸 수첩을 발견하는데, 수첩에는 충격적인 내용이 적혀 있었다. 대낮 도심 한복판에서 길을 걷던 중 이유도 모른 채 납치되어 정신병원으로 끌려가 감금되었다는 내용이었다. 또 강제로 약물을 투여받았으며, 무자비하게 폭행당했다고도 적혀 있었다. 수첩 속 이야기에 흥미를 느낀 나남수는 국장이 반대하는데도 병원으로 사용되던 건물을 방문해 강수아를 찾아 나선다. 수소문 끝에 어렵게 찾아낸 강수아는 경찰서장인 의붓아버지를 살해한 혐의로 재판을 받는 중이었다.

자신을 찾아온 나남수에게 강수아는 말한다. 자신은 미치지도 않았는데 강제로 정신병원에 입원되었고, 사람을 죽인 적도 없다고. 자신을 미친 사람으로 몰아 정신병원에 강제로 입원시킨 사람들이 나쁜 사람이라고. 그녀의 이야기를 들은 나남수는 혼란에 빠진다.

정신질환이 없는 사람도 강제로 정신병원에
입원될 수 있는 걸까?
만약 그런 일이 가능하다면
그건 헌법에 위반되는 일 아닐까?

정신병원 입원 형태

건강에 이상이 생기면 병원에 가야 한다. 신체만이 아니라 정신도 그렇다. 정신건강에 문제가 생기면 정신병원에 가야 하는데, 정신건강 복지법에 따라 정신병원에 입원하는 형태로는 다음 네 가지가 있다.

① 자의입원: 정신질환자가 스스로 입원신청서를 제출하는 경우.
② 보호입원: 정신질환자의 보호의무자 2인이 동의하고 정신건강의학과
　　전문의가 진단하는 경우.

③ 시장·군수·구청장에 의한 입원: 시장·군수·구청장이 의뢰하고 정
   신건강의학과 전문의가 진단하는 경우.
④ 응급입원: 의사와 경찰관이 동의하는 경우.

물론 이 네 경우는 입원하게 되는 경로를 간략하게 설명한 것으
로, 이들 요건만 충족한다고 해서 바로 정신병원에 입원할 수 있는 건
아니다. 다른 사람에게 해를 끼칠 위험이 발견된다든지 하는 추가 조건
을 갖춰야 한다.

자의입원을 제외한 나머지 세 형태는 본인 의사와 무관하다는 특
징이 있다. 2013년 정신보건통계현황에 따르면, 2013년에 정신의료기
관에 입원 중인 환자 수는 8만 462명이다. 그중 정신질환자 본인의 의
사에 따라 입원한 환자는 2만 1294명(26.5퍼센트)이고, 본인 의사에 반
해 입원한 환자는 5만 9168명(73.5퍼센트)이다. 또 보호의무자의 의사에
따라 입원한 환자는 5만 1132명으로 전체 입원 환자 가운데 63.5퍼센
트를 차지한다. 곧 보호의무자의 의사에 따라 입원한 환자는 본인 의
사에 반해 입원한 환자의 86.4퍼센트를 차지한다. 이는 본인 의사에 반
하는 입원이 전체 입원의 다수를 차지하고 있고, 본인 의사에 반하는
입원 중에서도 보호자의 의사에 따른 보호입원이 가장 많다는 것을
말해준다.

강제입원도 법률에 따른다면 일단 적법하다고 봐야 한다. 하지만 법
률상 근거가 있다고 해서 아무 문제가 없다고 단정하기는 어렵다. 법률보
다 상위 규범인 헌법을 위반되지 않아야 적법한 법률이기 때문이다.

자녀 2명이 동의해 정신병원에 입원된 한 여성은 갱년기 우울증을 앓고 있었을 뿐 정신병원에서 입원치료를 받을 만큼의 정신질환은 아니라고 생각했다. 그녀는 자신을 정신병원에 강제로 입원하게 만든 정신보건법이 헌법에 위반된다고 주장하며 위헌법률심판을 제청했다.

그러자 헌법재판소에서 정신보건법에 규정된 보호입원이 헌법에 위배되는지를 놓고 깊이 살핀 뒤 결정을 내렸는데, 주된 쟁점은 "헌법 제12조 1항에서 신체의 자유를 보장하고 있는데, 보호입원이 과잉금지원칙을 위반해 신체의 자유를 침해하는 것은 아닌가?"였다. 결론부터 이야기하자면 헌법재판소는 정신보건법 제24조의 '보호입원' 규정이 헌법에 위반된다고 판단했다.[27] 그 이유는 무엇일까?

정신질환자는 누구인가?

정신질환자를 보호입원시키려면 두 가지 요건을 갖춰야 한다. 첫째는 입원 당사자가 정신질환자여야 하고, 둘째는 입원치료나 요양을 받을 정도의 정신질환을 앓고 있거나, 자신의 건강·안전이나 타인의 안전을 위해 입원 치료가 필요한 경우다.

그렇다면 정신질환자는 누구를 말할까? 정신보건법상 정신질환자는 "정신병·인격장애·알코올 및 약물중독 기타 비정신병적 정신장애를 가진 자"인데 매우 광범위하게 정의하고 있다. 알코올중독이 심한 사람도 정신보건법상 '정신질환자'에 속한다. 경우에 따라서는 정신과 전문의의 정신질환 소견만 있으면 정신병을 가지고 있지 않은 사람도 보호입원될 가능성이 있다. 영화 〈날, 보러 와요〉에서 정신병원을 관리하는 장 원장(최진호)이 강수아(강예원)에게 "여긴 미쳐서 오는 게 아니라, 마음이 아픈 사람이 오는 곳이에요"라고 말하는 장면이 있는데, 이 말이 아주 틀린 말은 아닐 수도 있는 것이다.

물론 둘째 요건, 곧 "입원치료나 요양을 받을 정도의 정신질환 또는 자신의 건강·안전이나 타인의 안전"이라는 요건이 있기는 하다. 하지만 이 기준 역시 매우 추상적일 뿐 아니라 이를 판단할 구체적 기준이 마련되어 있지 않다. 적용 범위가 지나치게 넓어 남용될 가능성이 있는 것이다.

보호의무자와 정신과전문의는 항상 정신질환자의 편인가?

정신질환자라고 해서 반드시 입원해야 하는 건 아니다. 법에서 정한 절차를 거쳐야 입원할 수 있다. 정신질환자의 보호입원을 위해서는 보호의무자 2명의 동의(법률 제정 당시인 1995년에는 보호의무자 1인의 동의였는데 2008년 법률이 개정되면서 2인으로 늘어남)가 필요한데, 여기서 보호의무자는 민법상 부양의무자인 직계혈족(부모 혹은 자식) 및 그 배우자를 의미한다.

정신보건법이 보호의무자 2인의 동의를 요건으로 설정해놓은 데에는 보호의무자가 정신질환자의 입원 여부를 결정할 때 정신질환자에게 최대한 이익이 되는 쪽으로 판단할 것이라는 전제가 깔려 있다.

대부분의 보호의무자들은 가족을 정신병원에 입원시키는 걸 반기지 않는다. 하지만 정신질환이 심각해 본인만이 아니라 다른 사람에게도 피해를 끼치는 상황이 생기면 강제 입원이 불가피하다고 판단해 궁여지책으로 입원에 동의하게 된다.

물론 그렇지 않은 경우도 있다. 모든 사람이 선하기만 한 건 아니니 말이다. 남보다 못한 가족도 있기 마련이다. 목적은 다양하다. 정신질환자를 직접 돌봐야 하는 상황이 힘들고 번거로워 입원시켜놓고 부양하지 않으려는 경우도 있고, 정신질환자의 재산을 빼앗거나 경제적 이익을 얻으려는 목적으로 보호입원제도를 악용하는 사람도 있다. 이처럼 보호의무자와 정신질환자 사이에 이해관계가 충돌하거나 보호의무자가 정신질환자의 이익을 해치는 방향으로 보호입원을 악용할 수 있는데도, 정신보건법은 이를 방지하기 위한 예방책을 충분히 마련해놓고 있지 않다.

보호의무자의 동의만이 아니라 정신과전문의 1인의 진단이라는 요건도 여러 문제를 낳는다. 정신장애나 질환의 원인은 매우 다양해 잘 알 수 없는데다, 유전적·환경적 요인이 복잡하게 얽혀 있기도 해서 정신질환인지 판단하는 것이 쉽지 않다. 따라서 보호입원 여부를 결정할 때 전문가 의견이 필요하다는 점은 쉽게 수긍할 수 있다. 다만 이런 필요성을 인정하더라도 전문가가 제도를 남용할 가능성은 언제나 존재하기 때문에 이를 차단할 제도적 안전장치가 마련되어야 한다. 그런데 정신보건법은 "입원치료나 요양을 받을 만한 정신질환을 앓고 있는지 또는 환자 자신의 건강·안전이나 타인의 안전"을 위해 입원이 필요한지 여부에 대한 판단 권한을 정신과전문의 1인에게 전적으로 부여하고 있다. 다시 말해 정신과전문의가 자의적으로 판단하거나 권한을 남용할 가능성도 있는 것이다. 정신과전문의가 입원 필요성에 관한 진단을 내리면 정신질환자는 대체로 그 정신과전문의가 소속된 정신의료기관에 보호입원되는 실정인데, 정신과전문의가 자신의 경제적 이익을 위해 진단 권한을 남용한다 해도 정신보건법상 이를 막을 방법이 없다.

보호의무자와 정신과전문의 중 어느 한 쪽이라도 제 역할을 충실히 이행하면 부작용은 최소화되겠지만, 보호의무자 동의 요건의 문제점과 정신과전문의 진단 요건의 허점이 결합한다면 보호입원제도가 남용될 위험성은 더욱 커진다. 보호의무자가 정신질환자의 이익이 아닌 자신의 이익을 위해 보호입원에 동의하고, 경제적 이익을 위해 이를 방조·용인한 정신과전문의가 입원할 필요가 있다고 진단하면 입원할 필요가 없는 정신질환자, 심지어는 정신질환자가 아닌 사람도 정신의료기관에 입원될 수 있다. 이런 일은 종종 일어나 사회문제가 되기도 한다. 서울 영등포 일대 노숙자들에게 "담배와 숙식을 제공하겠다"며 접근해 병원에 입원시킨 정신병원장이 징역형을 선고받은 일이 대표 사례다.[28]

더욱이 보호입원제도는 보호의무자 2인의 동의 아래 정신과전문의의 진단을 받는다는 명목으로 정신질환자를 정신의료기관까지 강제로 이송하는 것을 사실상 용인하고 있다. 이 때문에 정신질환자가 사설 응급이송단에 붙잡혀 불법으로 이송되거나 그 과정에서 감금되거나 폭행당하는 일도 빈번하게 발생한다.

헌법불합치라는 결정

앞에서 밝힌 것처럼 헌법재판소는 보호입원을 규정한 정신보건법이 위헌이라고 판단했다. 입원치료나 요양을 받을 정도의 정신질환에 대한 구체적 기준이 없고, 보호의무자와 정신질환자 사이의 이해충돌을 적절히 예방하지 못할 뿐 아니라 정신과전문의의 자의적 판단 또는 권한이 남용될 가능성을 차단하지 못한다는 이유에서다. 이 사건에서 헌법재판소 결정문 결론에 해당하는 주문主文은 다음과 같다.

> 1. 정신보건법(2011년 8월 4일 법률 제11005호로 개정된 것) 제24조 1항, 2항은 헌법에 합치되지 아니한다.
> 2. 위 법률조항들은 입법자가 개정할 때까지 계속 적용된다.

여기서 눈여겨봐야 할 부분은 "헌법에 합치되지 아니한다"라는 표현이다. 헌법에 위반된 법률에 대해 헌법재판소가 주로 사용하는 "헌법에 위반된다"라는 표현과 다르다. 둘 다 비슷한 말처럼 보이지만 효과는 차이가 있다.

"헌법에 위반된다"라고 결론내리는 것을 단순위헌 결정이라고 하는데, 헌법재판소가 단순위헌 결정을 내리면 그 즉시 법률은 효력을 잃는다. 헌법에 위반된 법률이 계속되는 걸 막으려면 당장 그 효력을 없애는 게 바람직하겠지만, 갑자기 법률을 없애면 혼란이 생길 수도 있다. 그럴 때 사용하는 것이 "헌법에 합치되지 아니한다"라고 결론 내리는 헌법불합치 결정이다. 헌법불합치 결정은 실질적으로는 위헌 결정에 해당하지만, 법률 공백 상태를 방지하고 입법권자의 개선을 촉구하는 의미를 갖는다. 심판 대상이 된 법조문이 헌법에 맞지 않다는 점을 분명히 밝히지만, 법조문의 효력을 일정 기간 인정해주는 것이다.

보호입원에 대해 단순위헌 결정을 내려 그 효력을 즉시 상실시킨다면, 법률적 근거가 사라져 정신질환자의 보호입원 필요성이 인정되는 경우에도 입원시킬 수가 없다. 이런 사태를 방지하기 위해 법률의 위헌적인 부분을 제거하고 합헌적인 내용으로 개정할 때까지 심판대상 조항이 계속 적용되도록 하는 것이다.

신체에 이상이 있으면 치료를 받아야 한다. 정신에 이상이 있는 사람도 마찬가지다. 그런데 정신에 이상이 있다는 걸 깨닫지 못하는 사람에게는 강제 치료가 필요할 수 있다. 하지만 드라마나 영화에 흔히 나오는 사례처럼 치료를 한다는 명목으로 멀쩡한 사람을 가두는 일이 생겨서는 안 될 것이다. 헌법재판소가 기존 정신보건법이 헌법에 위반된다고 결정한 이유다.

일러두기

1. 영화 후반부에 반전이 있는데 아직 영화를 보지 않은 분들을 위해 그 부분은 언급하지 않았다.
2. 본문 내용은 2016년 헌법재판소 결정(헌재 2016년 9월 29일 2014헌가9)과 그 결정의 심판대상조항인 정신보건법(2011년 8월 4일 법률 제11005호로 개정된 것) 제24조를 전제로 한다. 국회는 2016년 5월 29일 정신보건법을 '정신건강증진 및 정신질환자 복지서비스 지원에 관한 법률'로 개정했으므로 본문 상황과 일치하지 않을 수 있다.

등기부등본은
어떻게 보는 걸까?

집이 있어야 주거가 가능하고 주거가 가능해야 일상생활이 유지된다. 한국인들은 재산 대부분을 토지나 건물 같은 부동산 형태로 가지고 있다. 따라서 다른 사람의 집을 빌려 생활하든, 본인의 집에서 지내든 집을 둘러싼 다양한 법률관계를 명확히 아는 일은 매우 중요하다. 부동산에 대한 중요한 법률사항은 등기사항증명서(이하 '등기부등본'이라 함)에 기재되어 있다. 부동산에는 건물과 토지가 있는데 여기서는 건물 위주로만 설명하겠다.

건물에 관한 등기부등본은 누구나 발급받을 수 있다. 소유자나 임차인이 아니어도 상관없다. 대법원 인터넷등기소(www.iros.go.kr)에 접속해 건물 주소를 입력하고 약간의 수수료만 내면 된다.

등기부등본은 '표제부' '갑구' '을구'의 세 부분으로 구성된다.

표제부는 건물 주소, 면적, 높이와 같은 기본 사항이 기재된다. 아파트와 같은 집합건물은 건물 대지에 관한 권리도 표제부에서 확인할 수 있다.

갑구에는 소유권에 관한 사항이 기재된다. 최초로 소유권을 가진 사람은 소유권'보존'등기를 하고, 소유권을 넘겨받으면 소유권'이전'등기를 한다. 등기 순위를 따라가다 맨 마지막 부분을 확인하면 현재 소유자를 알 수 있다. 갑구를 볼 때는 건물에 대해 압류, 가압류, 가처분, 가등기 사항이 있는지 확인해야 한다. 만약 그런 내용이 기재되어 있다면 그 건물에는 소유권을 둘러싼 법적 분쟁이 있을 가능성이 높으므로 유의해야 한다.

을구에는 소유권 이외의 사항이 기재된다. 저당권, 근저당권, 지상권, 지역권, 전세권 등이 표시되는데, 가장 흔하게 볼 수 있는 것은 근저당권이다. 채권자가 채무자에게 돈을 빌려주면서 담보로 건물에 근저당권을 확보하는 경우가 많다. 채무자가 돈을 갚지 않으면 근저당권자는 그 건물을 경매에 부쳐 돈을 받을 수 있는데, 다른 채권자보다 우선해 돈을 배당받을 수 있다는 게 근저당권의 장점이다. 근저당권자가 우선해 받을 수 있는 돈의 한도를 '채권최고액'이라고 한다. 보통 채권최고액은 채무액의 120~130퍼센트를 설정하는 게 일반적이므로 채권최고액이 2억 4000만 원으로 기재되어 있다면 실제 채무는 2억 원 정도로 추정할 수 있다.

등기사항전부증명서(말소사항 포함) - 집합건물

[집합건물] 서울특별시 마포구 00동 000000아파트 101동 제7층 제702호   고유번호 1234-5678-123456

[표 제 부]   (전유부분의 건물의 표시)

표시번호	접 수	건물번호	건물내역	등기원인 및 기타사항
1	1997년5월30일	제7층 제702호	철근콘크리트조 59.85(㎡)	도면편철장 제1책283호 부동산등기법 제177조의6 제1항의 규정에 의하여 1999년 02월 23일 전산이기

(대지권의 표시)

표시번호	대지권종류		대지권비율	등기원인 및 기타사항
1 (전1)	1 소유권대지권		10452.90분의 20.4525	1997년5월20일 대지권 1997년5월30일 부동산등기법 제177조의6 제1항의 규정에 의하여 1999년 02월 23일 전산이기

[갑 구]   (소유권에 관한 사항)

순위번호	등기목적	접 수	등기원인	권리자 및 기타사항
1 (전 2)	소유권이전	1997년5월31일 제20422호	1994년8월22일 매매	소유자 김00 520514-******* 　서울시 마포구 00동 123 0000000아파트 101동 702호

[을 구]   (소유권 이외의 권리에 관한 사항)

순위번호	등기목적	접 수	등기원인	권리자 및 기타사항
1	근저당권설정	2017년3월7일 제5065호	2017년3월7일 설정계약	채권최고액 금240,000,000원 채무자 김00 　서울특별시 강동구 000로 44-1, 502호(성내동) 근저당권자 주식회사신한은행 110111-0012809

건물 등기부등본 예시

2장

범죄와 법

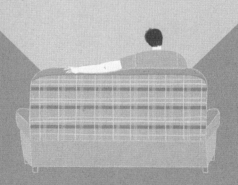

✛ 정당방위란 무엇일까?

가정폭력에 시달리다
남편을 살해한 부인의 사정
_〈캐리어를 끄는 여자〉 3회

남편 살인죄로 법정에 선 부인

부자 남편을 만나 최고급 주택에 거주하는 조은선의 삶은 얼핏 보면 남부러울 것 없는 듯하지만, 그녀는 조금도 행복하지 않았다. 오히려 일상이 지옥에 가까웠다. 불행의 원인은 바로 남편. 가정폭력을 일삼는 남편은 그녀에게 두려움과 공포의 대상이었다. 남편의 폭력은 술을 마시면 정도가 더욱 심해졌다. 어떨 때는 이러다 죽는 게 아닐까 싶은 생각이 들 정도였다.

사건이 발생한 그날도 남편은 만취해서 집에 들어왔고 조은선은 공포에 떨어야 했다. 더이상 이렇게 살 수 없다고 생각한 그녀는 결심을 하고 만다. 남편이 자는 틈을 이용해 남편을 끈으로 묶은 뒤 베개로 얼굴을 눌러 살해한 것이다.

남편을 살해한 조은선은 살인죄로 기소되어 재판을 받는다. 조은선의 변호를 맡은 마석우 변호사(이준)가 고심 끝에 선택한 변론 전략은 정당방위였다. 조은선이 한 행동은 자신을 지키기 위한 불가피한 행위인 정당방위이므로 처벌해서는 안 된다는 주장이다. 하지만 검찰은 자고 있는 남편을 죽였으므로 '침해의 현재성'이 없다며 정당방위가 성립하지 않는다고 맞선다.

이 사건은 국민참여재판으로 진행되는데, 피고인의 유무죄를 판단하기 위한 토론 과정인 평의 절차에서도 배심원들 사이에서 격론이 벌어진다. 조은선은 가정폭력의 피해자이기 때문에 무죄라는 배심원이 있는가 하면, 아무리 그래도 남편을 죽이는 건 용인할 수 없다는 배심원도 있다.

조은선의 행동을 정당방위로 볼 수 있을까?
말도 많고 그만큼 논란도 많은 정당방위란
도대체 무엇일까?

위법함을 없애주는 특별한 사정

당연한 말이지만 함부로 사람을 때려서는 안 된다. 사람의 신체에 폭행을 가하면 형법 제260조 1항에 따라 2년 이하의 징역 또는 500만 원 이하의 벌금형에 처해진다. 하지만 항상 그런 것은 아니다. 모든 법칙에는 예외가 있는 법이라서 사람을 때려도 형사처벌을 받지 않는 경우도 있다.

동길은 어두운 밤길을 혼자 걷고 있는데 뒤에서 누군가 따라오는 것을 느꼈다. 혹시나 하는 마음에 뒤를 돌아본 동길은 소스라치게 놀랐다. 흉기를 든 강도가 자신을 향해서 달려오고 있었던 것이다. 당황한 동길은 일단 자기 몸을 지켜야겠다는 생각에 강도를 주먹으로 한 대 쳤다. 이때 동길이 강도를 때렸으니 어쨌든 동길도 폭행죄로 처벌해야 할까? 아마 그렇게 생각하는 사람은 별로 없을 것이다. 상식적인 일이기에 부연설명이 필요 없다고 여길 수 있지만, 처벌하지 않는 이유를 논리적·법리적으로 설명하려면 구성요건해당성構成要件該當性과 위법성違法性이라는 법적 개념을 이해할 필요가 있다.

　　범죄가 성립하려면 법에서 금지하고 있는 일정 행위를 해야 한다. 예를 들어 주거침입죄가 성립하려면 다른 사람의 집에 동의 없이 들어가야 하는 것이다. 이처럼 '다른 사람의 집에 동의 없이 들어가는 행위' 같은 범죄를 성립하게 하는 일정한 요건(조건)을 법학에서는 '구성요건해당성'이라고 한다. 폭행죄의 구성요건해당성은 '사람의 신체에 폭행을 가하는 것'이다.

　　구성요건해당성이 있다는 말은 형법에서 금지하고 있는 행위를 했다는 것이고, 그렇다면 그 사람의 행위는 일단 '위법'한 것이 된다. 하지만 위법하다고 해서 모두 처벌받는 것은 아니다. 예외적으로 위법성을 없애는 특별한 사정이 있으면 범죄가 성립하지 않는데, 이렇게 위법성을 없애는 사정을 위법성조각사유違法性阻却事由라고 한다.

　　'위법성조각사유'라는 말이 무척 낯설 것이다. 그도 그럴 것이 일상에서는 잘 쓰지 않는 단어이기 때문이다. 위법성조각사유라는 말에서 '조각'은 재료를 새기거나 깎아서 입체 형상을 만드는 것을 의미하는 조각彫刻이 아니다. '방해하거나 물리치다'라는 뜻의 조각阻却이다. 좀 쉽게 표현하자면 '위법성 제거 사유' 정도가 될 것이다.

간단하게 정리하면, 형법에서 금지하고 있는 행위를 하면 원칙적으로는 처벌을 받지만, 예외적으로 위법함을 없애주는 특별한 사정(위법성조각사유)이 있다면 처벌받지 않는다는 것이다. 형법에서 규정하는 위법성조각사유는 정당방위, 긴급피난, 자구행위, 피해자의 승낙, 정당행위 등이 있는데, 가장 대표적인 것이 정당방위다.

"합법은 불법에 양보할 필요가 없다."

정당방위는 다른 사람이 부당하게 공격해올 때 자신이나 다른 사람을 지키기 위해 하는 행동을 말한다. 정당방위가 인정되면 설령 법에서 금지하고 있는 행위를 하더라도 그 행위는 위법하지 않기 때문에 처벌되지 않는다. 형법이 정당방위를 인정하는 이유는 무엇일까?

첫째는 다른 사람으로부터 스스로를 방어하는 것을 허용할 필요성이 있어서다. 국가의 본질이 무엇인지에 대한 다양한 논의가 있지만, 막스 베버Max Weber는 국가를 "주어진 영토 내에서 물리적 힘의 정당한 사용에 대한 독점권을 지닌 공동체"로 파악한다. 이처럼 공권력 또는 형벌권은 국가가 독점적으로 가지는 것이어서 스스로의 힘으로 권리를 실현하는 자력구제自力救濟는 허용되지 않는다. 사기꾼이 자신을 속이고 돈을 가로챘다 하더라도 그 사기꾼의 집에 무작정 찾아가 그의 재산을 함부로 가져오면 안 되는 것이다. 말로 해결이 안 되면 민사소송 같은 합법적 과정을 거쳐 돌려받아야 한다.

그러나 국가는 국민이 어려운 상황에 처했을 때 어김없이 나타나 도움을 주는 슈퍼맨이 아니다. 공권력이 개개인을 충분히 보호해주지 못하는 상황은 언제든 생길 수 있다. 이럴 때를 대비해 개인이 자신을 보호할 수 있는 길을 열어둔 것이다.

첫째 이유가 현실적 이유라면 둘째 이유는 보다 철학적 성격을 띤다. 정당방위를 인정하는 둘째 이유는 위법한 침해에 맞서 자신을 보호하기 위한 행위를 허용하는 것이 전체 사회의 법질서를 지키는 방법이 되어서다. 다른 사람의 재산권이나 신체에 부당한 침해를 가하는 일은 불법적인 일이고, 이런 불법(위법)적인 상황이 발생하지 않도록 하는 것이 사회 전체적으로 바람직하다는 논리다. 이와 같은 정당방위 정신을 "합법은 불법에 양보할 필요가 없다"라고 표현하기도 한다.

정당방위는 언제 성립하나?

정당방위가 성립하기 위해서는 세 가지 요건을 갖춰야 한다.

첫째, 현재 부당한 침해가 있어야 한다. 주의해야 할 점은 정당방위가 되기 위해서는 시간적인 한계가 존재한다는 점이다. 곧 '현재의 침해'가 아닌 '과거의 침해'에 대해서는 정당방위가 성립할 수 없다. '지금' 누군가가 아무런 이유 없이 몽둥이로 자신을 공격한다면 방어 차원에서 공격자에게 주먹을 날릴 수 있다는 것이다. 하지만 몽둥이로 맞은 '다음 날' 그 사람을 찾아가 때린다면 정당방위라 볼 수 없고 개인적인 복수에 불과하다. 법은 개인적인 복수를 허용하지 않는다.

둘째, 자기 또는 타인의 법익을 방위하기 위한 행위여야 한다. 타인을 지키기 위한 행위도 정당방위에 속한다. 곧 강도가 가족을 위협한다면 강도를 힘으로 물리치는 것도 정당방위가 될 수 있다. 정당방위는 말 그대로 방위(방어)를 위한 행위이므로, 가만히 있는 상대방을 먼저 공격하는 행위를 정당방위로 보기는 어렵다.

셋째, 방위행위에는 상당한 이유(상당성)가 있어야 한다. 상당한 이유가 있다는 말은 방위행위의 정도가 사회적 상식 또는 일반적 윤리감정에 따른 적정한 정도여야 한다는 의미다. 견문발검見蚊拔劍이라는 말처럼 모기를 잡는 데에는 두 손이나 기껏해야 파리채 정도면 충분한데도 굳이 칼을 빼 드는 것은 지나친 대응이다. 다시 말해 필요한 정도를 넘어서면 정당방위에 해당하지 않는다.

싸움이 나면 무조건 맞아야 한다?

얼마 전 '도둑뇌사사건'이 논란이 된 적이 있다. 20대의 A씨는 새벽 3시가 넘어 집으로 돌아와 문을 열었다가 깜짝 놀랐다. 도둑(당시 55세)이 서랍장을 뒤지고 있었기 때문이다. A씨는 도둑 얼굴에 주먹을 날리고 빨래 건조대로 도둑을 내리쳤다. 그런데 A씨에게 맞은 도둑이 의식을 잃어 뇌사상태에 빠지고 말았다. 결국 A씨는 도둑을 다치게 했다는 이유로 재판을 받게 되었다(안타깝게도 그 도둑은 A씨가 재판을 받는 중에 폐렴으로 사망했다). 피고인이 된 A씨는 재판 과정에서 정당방위를 주장했다. 자신을 지키기 위한 행동이었으니 죄가 되지 않는다는 것이다. 하지만 법원의 판단은 달랐다. 도둑이 흉기를 가지고 있지 않았고 A씨를 보자마자 도망가려 했는데, A씨가 도둑의 머리를 여러 차례 걷어찼고 빨래 건조대로 등을 가격한데다 허리띠를 풀어 때린 것은, 도둑에 대한 방어행위로서는 지나쳤다고 본 것이다. 결국 A씨는 유죄판결을 받았다.

이 사건을 계기로 정당방위를 어디까지 인정할 것인지에 대한 논쟁이 일었다. A씨를 옹호하는 이들은 정당방위가 인정되는 경우가 너무 드물어서 선량한 시민이 보호받지 못한다고 주장했고, 법원 판결을 옹호하는 이들은 정당방위를 너무 쉽게 인정하면 오히려 범죄에 악용될 수 있다고 지적했다.

드라마 〈캐리어를 끄는 여자〉에서 조은선의 변호를 맡은 마석우 변호사는 의뢰인을 위해 열성적으로 정당방위를 주장하는 변론을 펼쳤다. 마석우 변호사의 최후진술은 정당방위를 인정하는 이유를 잘 말해준다.

피고인이 살인으로밖에는 자신을 방어할 수밖에 없었던 건 피고인의 죄의 크기보다 어쩌면 피고인이 남편에게 가진 공포의 크기를 증명하는 건 아닐까요? 스타펠리스부터 구로동 닭장 집까지 가녀린 여자의 비명소리가 들리는 대문을 열면 그 문마다 남편으로부터 도망치는 이성적인 방법을 찾지 못한 가정폭력의 피해자 조은선이 있을 겁니다.

마석우 변호사의 변론에 설득되었는지 배심원단은 조은선의 행동이 정당방위라고 보아 무죄를 평결한다. 하지만 한국의 국민참여재판에서는 배심원 평결 결과를 반드시 따르지 않아도 된다. 평결 결과는 참고용에 불과하므로 재판부는 배심원단과 다르게 판결할 수 있다. 재판부는 남편을 묶어놓고 살해한 일을 정당방위로 인정하는 것은 사회관념상 타당하지 않다는 이유로 조은선이 유죄라고 판단했다. 다만 피고인의 사정을 고려해 형량을 낮춰 선고했다.

'도둑뇌사사건'과 드라마 〈캐리어를 끄는 여자〉의 사례에서 볼 수 있듯 한국 법원이 정당방위를 인정하는 경우는 매우 드물다. 상대방이 먼저 공격해 맞받아치는 차원에서 폭행한 경우에도 방어를 위한 행동에 해당하지 않는다고 판단한 경우가 많다. 그래서 "싸움 나면 무조건 맞아야 한다"라는 말이 상식처럼 통용된다. 억울한 일을 당한 피해자 입장에서는 법원이 국민의 법감정과 너무 동떨어진 판결을 내린다고 분개할 법도 하다. 하지만 법원이 정당방위를 쉽게 인정하지 않는 데에는 나름의 사정이 있다. 크게 두 가지 정도로 요약할 수 있겠다.

하나는 정당방위는 원래 위법한 행위인데 특별히 위법하지 않다고 판단해주는 예외적 성격이므로 제한된 경우에만 인정해야 한다고 보는 것이다. 예외는 자주 사용되지 않을 때 의미를 가진다. 다른 하나는 정당방위를 너무 쉽게 인정할 경우 발생할 부작용을 경계하기 위해서다. 정당방위가 아닌 상황에서 명백히 범죄를 저지르고도 정당방위가 인정되어 범죄자를 처벌할 수 없다면, 그건 매우 불합리한 일일 것이다. 피해자가 살아 있다면 반박이라도 할 수 있겠지만, 만약 사망했다면 억울함을 토로할 수 없게 되니 말이다.

위급한 상황에서 스스로를 지키기 위한 행동을 하는 건 당연하다. 방어 과정에서 공격한 사람에게 피해를 끼치더라도 괜찮다는 것이 정당방위지만 앞서 말했듯 방어를 가장한 공격을 막는다는 명분으로 정당방위는 잘 인정되지 않고 있다. 결국 피해자가 제대로 방어하지 못하는 일이 생길 수밖에 없다. 정당방위를 폭넓게 인정할지, 좁게 인정할지는 참으로 어려운 문제다.

✛ 미필적 고의란 무엇일까?

건물을 붕괴시키려 한
진 소장의 잘못
_〈태양의 후예〉 8회

밉상의 제왕, 진 소장

낯선 땅 우르크에 지진이 일어난다. 건물이 무너지고 인명피해가
발생한 절체절명의 상황에 유시진 대위(송중기)가 이끄는 알파팀이 빠
질 리 없다. 건물 붕괴 현장에 고립된 실종자를 찾기 위해 팀장인 유시
진 대위가 앞장서고 서대영 상사(진구)가 뒤따른다. '그 어려운 걸 또 해
내고 마는' 알파팀답게 구조가 성공적으로 마무리되려는 순간, 다시
진동이 느껴진다. 2차 지진인가 했지만 그건 아니었다. 누군가의 악의
적인 행동으로 일어난 인공 진동이었는데 범인은 바로 진 소장(조재윤)
이었다. 〈태양의 후예〉 최고의 밉상 캐릭터라 불러도 손색없는 그가 사
무실에 숨겨둔 다이아몬드를 찾겠다고 포클레인으로 땅을 판 것이다.
알파팀은 진 소장을 가볍게 제압한 뒤 무사히 생존자를 구해낸다.

우르크에 다시 평화가 찾아올 무렵, 어김없이 진 소장이 나타난다. 태백부대 대대장(김병수)을 찾아온 진 소장은 자신의 행동을 반성하기는커녕 오히려 서대영 상사에게 맞았다며 거칠게 항의한다. "민·형사 싸그리 다 걸어서 군복 벗게 할 거야"라고 엄포까지 놓으면서. 하지만 대대장은 조금도 주눅 들지 않고 당당하게 말한다.

"법대로 해봅시다. 미필적 고의에 의한 살인미수로 재판받게 해드리죠."

과연 진 소장을 미필적 고의에 의한 살인미수죄로 처벌할 수 있을까? '미필적 고의'란 정확히 무엇일까?

고의와 과실은 어떻게 다를까?

누가 내 휴대폰을 바닥에 떨어뜨려서 액정이 깨졌다고 해보자. 실수로 휴대폰을 떨어뜨린 거라면 이해하고 넘어갈 수도 있다. 하지만 일부러 떨어뜨린 거라면 쉽게 용납하기 힘들 것이다. 이처럼 동일한 결과가 발생하더라도 그 원인이나 과정에 따라 평가가 달라지는 경우가 많다. 법에서도 마찬가지다.

'실수로'를 법적 용어로 바꾸면 과실過失이 되고, '일부러'를 법적 용어로 바꾸면 고의故意가 된다. 과실과 고의를 구분해야 하는 이유는 고의인지, 과실인지에 따라 범죄 성립 여부가 달라질 수 있어서다. 과실은 주의를 기울여야 하는데도 충분히 주의를 기울이지 못한 것이다.

실수로 일어난 일에 대해서까지 처벌한다면 지나치게 가혹해 보일 것이다. 그래서 원칙적으로 범죄가 성립되려면 범죄를 저지르려는 고의가 있어야 한다. 과실로 일어난 범죄는 처벌하지 않는다.

어느 기업의 회장인 한승현은 성질이 아주 포악하기로 유명하다. 심심하면 다른 사람을 괴롭히는데, 주된 분풀이 대상은 회사 직원들이다. 야심차게 준비했던 신제품의 반응이 생각보다 좋지 않아 화가 나 있던 한승현은 그 화를 풀 만한 사람을 물색 중이었다. 그때 운전기사가 눈에 들어왔다. 운전기사가 차를 빠르게 운전하지 않는다며 주먹으로 운전기사의 머리를 때렸고 발로 정강이를 걷어차기도 했다.

장혜원은 저녁식사 후 운동하는 걸 좋아한다. 뒤로 박수를 치며 걸으면 앞뒤 근육을 골고루 발달시킬 수 있고 혈액순환에도 좋다는 기사를 보고 그 방법으로 자주 운동했다. 모습이 다소 우스꽝스럽긴 했지만 건강해질 수 있다면 그 정도는 감수할 수 있었다. 그런데 뒤로 걷다 보니 반대 방향에서 걸어오는 사람을 미처 발견하지 못했고, 자신도 모르는 사이 지나가던 행인의 머리를 가격하고 말았다.

사람의 신체를 폭행한 자는 형법 제260조 1항에 따라 2년 이하의 징역, 500만 원 이하의 벌금, 구류 또는 과료에 처한다. 한승현과 장혜원이 다른 사람의 신체에 물리력을 행사한 것은 모두 폭행에 해당한다. 그렇다면 두 사람은 모두 폭행죄로 처벌될까?

물론 그렇지 않다. 운전기사를 때린 한승현의 행위는 의심의 여지 없이 폭행죄에 해당하지만, 장혜원의 행동은 폭행죄에 해당하지 않는다. 폭행의 사전적 의미만 따지면 행인의 몸을 때린 장혜원의 행동도 폭행에 해당하지만 어디까지나 실수였기에 폭행에 대한 고의가 없었다고 볼 수 있다. 곧 과실로 발생한 폭행을 처벌하는 형법 규정이 없기 때문에 폭행죄가 성립하지 않는다.

그렇다고 과실로 일어난 일이 모두 괜찮다고 생각해서는 안 된다. 예외가 있다. 과실치상죄過失致傷罪가 대표 사례다. 과실로 사람의 신체를 상해에 이르게 한 자는 500만 원 이하의 벌금, 구류 또는 과료에 처할 수 있다.[1] 예를 들어, 골프장에서 경기를 하던 중 경기보조원을 골프공으로 맞혀 다치게 했다면 일부러 그런 게 아니더라도 과실치상죄가 성립한다.[2]

미필적 고의란 뭘까?

'고의'의 종류로는 크게 두 가지가 있다. 첫째는 '확정적 고의'다. 이것은 어떤 결과가 발생할 것을 명확하게 알고 있는 상태인데, 일반적인 의미의 고의는 확정적 고의를 말한다. 둘째는 확정적 고의와 구별되는 '불확정적 고의'다. 결과가 발생할 것을 명확하게 알지 못하는 상태를 말한다.

불확정적 고의의 대표주자가 바로 '미필적 고의未必的故意'다. 미필적 고의는 어떤 결과가 발생할 것을 명확하게 알지는 못하지만, 그런 결과가 발생할 것을 어느 정도 예상하고 그 결과의 발생을 용인하는 것이다. 예를 들어 사람이 있는 건물에 불을 지르는 경우를 생각해보자.

용성은 건물 안에 사람이 있다는 걸 명확히 인지한 상태에서 그 사람을 죽일 생각에 휘발유를 뿌리고 불을 붙였다. 이 경우 용성은 살인에 대한 확정적 고의를 가졌다고 볼 수 있다. 그에 반해 두진은 건물 옆에서 쓰레기를 태우고 있었는데, 바람이 불어 건물로 불이 옮겨 붙었다. 두진은 건물 안에 사람이 있는지 명확히 알지 못했지만 '사람이 있을지도 모르고 이 불 때문에 죽을 수도 있지만 어쩔 수 없지'라고 생각하면서 불을 끄지 않고 가만히 두었다. 이때 두진은 살인에 대한 미필적 고의를 가지고 있었다고 볼 수 있다.

개념적·논리적 관점에서 보면 확정적 고의와 불확정적 고의(미필적 고의)는 명확하게 구분되지만, 실제로는 두 유형의 고의를 분명하게 구분하는 것이 매우 어려운 일이고 구분해야 할 실익도 크지 않다. 실무적으로는 두 고의를 비슷한 것으로 취급하기 때문이다.

과실범의 경우를 제외하고 범죄를 저지른 사람을 처벌하려면 그 사람이 고의로 범죄를 저질렀어야 하는데, 이때의 고의가 반드시 확정적 고의일 필요는 없다. 미필적 고의로도 충분한 경우가 대부분이다. 다시 말해 살인죄가 성립되려면 살인에 대한 고의가 있어야 하지만, 반드시 살해 목적이나 계획적 살해 의도가 있어야 하는 건 아니다. 자기 행위로 타인을 사망에 이르게 하는 결과를 발생시킬 만한 가능성 또는 위험이 있다는 걸 인식하거나 예견했다면 살인죄에 대한 고의가 있는 것으로 보는 것이다.

한국 법원이 미필적 고의라는 개념을 인정하고 있는 이유는 무엇일까? 그것은 고의가 눈에 드러나지 않는 심리적 상태여서다. 범죄를 저지른 사람이 "내가 일부러 그런 행동을 한 것이다"라고 자백하면 간단하지만, 누구나 자기방어 본능을 가지고 있어서 잘못을 저지르고도 발뺌하는 일이 태반이다. "나는 절대로 그런 의도를 가진 것이 아니었다"라고 끝까지 우긴다면 궁예처럼 관심법觀心法을 쓰지 않는 이상 범죄자의 마음 상태를 밝힐 도리가 없다. 고의가 없었다고 해서 처벌하지 않는 것도 법질서 수호에 반한다. 이런 문제를 해결하는 데 미필적 고의라는 개념이 일정한 기여를 할 수 있다.

미필적 고의가 있었음을 인정하는 것은 확정적 고의보다 수월하다. '결과가 발생할 것을 분명하게 알고 있었다'라고 판단하는 것보다 '결과가 발생할지도 모른다는 걸 알면서도 그 결과를 용인했다'라고 판단하는 것이 더 쉬우니 말이다.

고의의 판단 방법

살인사건이 발생했고 범인이 잡혔다고 치자. 이제 남은 것은 그 사람에 대한 사법적 판단이다. 범인이 확정적 고의든 불확정적 고의든, 고의를 가지고 있었는지 어떻게 판단할 수 있을까?

법원은 피고인이 범행에 이르게 된 경위나 범행 동기가 무엇인지, 흉기를 사용했는지, 만약 사용했다면 흉기의 종류는 무엇이고 어떻게 사용했는지, 공격당한 부위는 어디인지, 공격 행위로 사망할 가능성이 높았는지 같은 범행 전후의 객관적 사정을 종합해 고의 여부를 판단한다. 추상적 기준이라 잘 와닿지 않을 수 있을 듯해 구체적 사안을 통해 고의 여부를 판단하는 방법을 알아보자.

홍서희의 집에 있던 돈이 없어졌다. 홍서희 동생인 홍창연은 범인이 누구일지 고심하다가 평소 사이가 좋지 않던 강도운을 의심했다. 그렇지 않아도 맘에 안 들었는데, 한번 의심하기 시작하니 강도운이 정말 도둑인 것 같았다. 홍창연은 친구 이몽구에게 도움을 요청했다. 이들은 강도운을 납치한 뒤 약 한 달 보름 동안 강도운의 옷을 모두 벗겨놓은 상태로 쪽방에 감금했다. 폭행도 서슴지 않았다. 여러 차례 주먹과 사이다 병, 빨래건조대 봉, 드라이버, 망치로 강도운이 실신할 정도로 때렸다. 그뿐 아니라 강도운의 머리를 벽이나 다락방 계단에 여러 번 부딪치게 하거나 의료용 가위를 이용해 피해자의 허벅지를 찌르기도 했다. 강도운의 몸에는 염증이 발생했고 결국 췌장 파열로 사망했다.

살인죄로 재판을 받게 된 홍창연과 이몽구는 "감금하고 폭행한 건 사실이지만 살인하려는 고의가 없었기 때문에 살인죄로 처벌하는 건 안 된다"라고 주장했다. 두 사람의 주장은 받아들여졌을까? 법원은 두 사람에게 살인의 고의가 있다고 봤다.[3] 한 사람도 아닌 두 사람이 피해자를 45일이라는 긴 시간 동안 감금하면서 지속적으로 폭행했고, 그 때문에 피해자가 얼굴이 심하게 붓고 실신했는데도 폭행을 멈추지 않은 사실 등을 종합적으로 고려했을 때 홍창연과 이몽구가 '강도운이 사망에 이를지도 모른다는 것을 인식하고 강도운이 죽어도 어쩔 수 없다'고 생각했을 것으로 보이므로 두 사람에게 적어도 살인에 대한 미필적 고의는 있었다고 판단한 것이다.

진 소장의 경우

진 소장은 지진으로 건물이 붕괴되어 건물 잔해에 매몰된 사람이 구조를 기다리고 있다는 걸 알고 있었다. 또한 포클레인 작업을 하면 진동이 크게 발생해 건물이 추가로 붕괴될 수 있고, 그것이 생존자에게 치명적 위협이 될 수 있다는 건 누구나 예측할 수 있다. 하지만 진 소장은 사무실에 숨겨둔 다이아몬드 찾는 일에 혈안이 되어 포클레인에 올라탔다.

이런 상황을 보면 진 소장이 '사람을 반드시 죽일 것이다' 혹은 '사람이 반드시 죽는다'라고 생각했는지는 다소 불분명하다. 하지만 '사람 한두 명 죽을 수도 있지만 어쩔 수 없다'라고 생각했다고 볼 수 있다. 달리 말해 진 소장에게는 적어도 살인에 대한 미필적 고의가 있다고 할 수 있다. 다만 유시진 대위의 활약으로 사망자가 없었기 때문에 기수旣遂가 아니라 미수未遂가 된다. 곧 포클레인으로 건물을 붕괴시킬 뻔한 진 소장은 살인미수죄로 처벌받을 수 있는 것이다.

+ 검사가 물어보면 반드시 솔직하게 말해야 할까?

조들호가 침묵해도 되는 근거
_〈동네변호사 조들호〉 1회

이야기 안 할 건가요?

한때 잘나가던 검사였지만 순식간에 노숙자로 전락한 조들호(박신양). 길거리에 박스를 깔고 근근이 생활하는 신세가 되었지만 그에게도 사랑하는 가족이 있다. 누구보다 귀여운 딸 수빈의 사진을 보며 하루의 고단함을 달래려는데 소매치기범이 급하게 도망가다가 조들호를 치는 바람에 사진이 바닥에 떨어진다. 사과를 해도 모자랄 판에 욕설을 내뱉는 소매치기범을 보고 화가 머리끝까지 치민 조들호는 소매치기범을 뒤쫓는다.

그런데 어쩌다 보니 소매치기범은 사라지고 현장에는 조들호만 남게 되었다. 그때 마침 경찰이 도착한다. 경찰은 행색이 초라한 조들호를 의심한다. 조들호가 소매치기 공범이라고 생각한 경찰은 신분증을 요구하는데, 조들호는 그런 경찰의 태도가 못마땅하지만 자신의 결백을 증명하기 위해 옷을 뒤진다. 그런데 웬일인지 피해자의 지갑이 조들호의 옷 안에 있는 것이다. 소매치기범이 도망가기 전 몰래 넣어둔 것이지만, 그런 사정을 알 리 없는 경찰이 보기에 조들호는 도망간 소매치기와 한통속이다.

조들호는 경찰서에서 조사를 받는다. 담당 경찰이 이것저것 물어보지만, 조들호은 아무런 대답도 하지 않는다. 화가 난 경찰이 주민등록번호와 이름을 대라며 버럭 소리를 지른다. 그러자 조들호 옆에 있던 이은조 변호사(강소라)가 나서서 경찰을 제지한다.

"방금처럼 윽박지르시면 안 됩니다. 법정에서 모든 피고인이 유죄 확정을 받기 전까지 다 무죄라는 거 아시죠?"

그러고는 조들호에게 모든 범죄자는 변호받을 권리가 있으니 변호사 필요하면 이야기하라고 친절하게 말한다.

경찰이나 검사가 질문하면 반드시 사실대로 말해야 할까? 헌법에서 규정하고 있는 진술거부권이라는 건 뭘까?

진술을 거부할 수 있다고?

가급적 상상하고 싶지 않겠지만 형사사건에 연루되어 피의자로 소환받았다고 가정해보자. 위압감을 주는 검찰청 건물에 주춤거리며 들어가 신분증을 제시했더니 검사실로 안내하는데, 검사실 분위기는 삭막하기 이를 데 없다. 의자도 얼마나 딱딱한지 모른다. 한참을 기다린 끝에 드디어 검사와 마주 앉았다. 지극히 사무적인 표정으로 검사가 묻는다. 범죄를 저지른 게 맞느냐고.

검사의 질문에 반드시 사실대로 말해야 할까? 법적인 의미에서 정답은 '그렇지 않다'이다. 그 이유는 누구나 진술거부권陳述拒否權을 가지고 있어서다. 진술거부권은 말 그대로 진술을 하지 않고 거부할 수 있는 권리다. 수사기관에서 수사받는 피의자만이 아니라, 기소되어 형사재판을 받는 피고인도 진술거부권을 행사할 수 있다. 진술거부권은 헌법에서 명문으로 인정하고 있는 권리이기도 하다. 헌법 제12조 2항에는 "모든 국민은 고문을 받지 아니하며, 형사상 자기에게 불리한 진술을 강요당하지 아니한다"라고 명시되어 있다.

상식적인 관점에서 보면 진술을 거부할 수 있다는 게 잘 이해가 되지 않을 수 있다. '죄를 짓지 않아야겠지만 혹시라도 죄를 지었다면 수사기관이나 법원이 묻는 대로 이실직고해야 하는 것 아닌가?' '다른 사람도 아니고 검사가 물어보는데 당연히 있는 사실 그대로 말해야지, 답변을 거부하는 게 가능할까?'라고 생각할 수 있다. 타당한 측면도 있지만 달리 생각해보면 꼭 그런 것만은 아니다. 우리 법이 진술거부권을 인정하는 데에는 크게 두 가지 이유가 있다.

첫째는 피의자(피고인)의 인권을 보호하기 위해서다. 인권 개념은 굉장히 포괄적인데, 형사상 자기에게 불리한 진술을 강요당하지 않을 권리도 인권에 포함된다고 볼 수 있다. 이처럼 스스로 자기 죄를 부담하지 않아도 되는 권리를 자기부죄거부自己負罪拒否 권리라 부른다. 자기부죄거부 권리를 인권 범주에 포함시킨 것은 아마도 불리한 진술을 강요해 스스로를 위험한 상황에 내모는 행위에 비인간적 측면이 있다고 보기 때문일 것이다.

둘째는 공정한 재판을 실현하기 위해서다. 사람은 누구나 자신의 잘못을 숨기려는 경향이 있어 범죄를 저지르고도 발뺌하는 경우가 많다. 이렇게 범죄를 숨기려는 사람에 맞서 범죄행위를 밝혀내는 것이 수사기관의 역할이다. 어떻게 보면 형사절차는 범죄를 숨기려는 사람(피의자·피고인)과 범죄를 밝히려는 사람(수사기관) 사이의 다툼 혹은 경쟁이라고도 볼 수 있다. 그런데 피의자에게 "당신은 반드시 사실대로 말해야 돼"라는 제약을 준다면 피의자에게 지나치게 불리하다고 판단하는 것이다. 이처럼 수사기관과 피의자·피고인이 대등한 입장에서 수사나 재판에 임해야 한다는 걸 법적으로 무기평등武器平等의 원칙이라고 부른다.

진술거부권과 미란다 원칙

경찰서나 검찰청이 피의자를 불러 조사할 때 수사관이나 검사가 제일 먼저 하는 일이 진술거부권을 고지하는 일이다. 아예 피의자신문조서 맨 앞 장에 진술거부권, 변호인선임권 등이 표시되어 있고, 실무적으로도 비교적 잘 지켜지고 있다. 또한 형사소송을 처음 시작할 때 판사도 피고인에게 진술거부권에 대해 알려준다.

진술거부권 예시

하지만 사람이 하는 일이다 보니 간혹 진술거부권을 알려주지 않는 경우도 생긴다. 진술거부권을 고지하지 않으면 어떻게 될까? 진술거부권을 고지받지 않은 상태에서 한 진술은 위법하게 수집된 증거로 본다.[4] 따라서 피의자가 자백했다 하더라도 진술거부권을 듣지 못하고 자백한 것이라면 그 자백은 증거가 될 수 없다.

진술거부권과 깊은 관련을 가지는 것이 바로 '미란다 원칙'이다. 드라마나 영화에서 경찰이 범인을 체포할 때 반드시 나오는 장면이 하나 있다. "당신은 묵비권을 행사할 수 있고, 변호인의 도움을 받을 수 있습니다"라고 미란다 원칙을 고지하는 장면인데, 이 원칙은 미국인 에르네스토 미란다Ernesto Miranda라는 사람이 일으킨 범죄 사건에서 기인한다.[5]

1963년 3월, 미국 애리조나 주 피닉스시 경찰은 미란다를 납치·강간 혐의로 체포해 경찰서로 연행했다. 피해자는 미란다를 범인으로 지목했다. 미란다는 변호사도 선임하지 않은 상태에서 경찰관 두 명에게 조사를 받았는데, 처음에는 무죄를 주장했지만 2시간가량 조사를 받은 뒤에는 범행을 인정하는 자백을 했다. 무난하게 사건이 마무리되는 듯했는데 재판 과정에서 반전이 일어났다. 미란다의 변호인이 다음과 같은 주장을 펼친 것이다.

"경찰관이 미란다에게 변호인선임권을 미리 알려주지 않아 미란다는 변호인 없이 조사를 받았고 그런 상황에서 한 미란다의 자백은 자발적인 것으로 볼 수 없다. 따라서 미란다의 자백은 범죄의 증거로 사용할 수 없다."

궤변이라 생각할 수도 있다. 애리조나주법원, 애리조나주대법원은 미란다의 주장을 받아들이지 않았다. 하지만 연방대법원은 달랐다. 연방대법원은 피의자에게 묵비권과 변호인선임권을 미리 말해주지 않은 상태에서 받은 자백은 그것이 자발적인 것이든 아니든 증거로 사용할 수 없다고 선언했다. 당시로서는 굉장히 혁신적인 판결이었다.

중범죄를 저지른 사람에게 이상한 논리를 적용해 풀어준 게 아니냐고 생각하는 사람을 위해 참고로 말하자면, 그렇다고 미란다가 풀려난 것은 아니다. 연방대법원의 판결 뒤 검찰은 목격자 진술을 증거로 내세워 미란다를 다시 기소했고, 미란다는 유죄판결을 받아 10년간 복역했다.

정말 진술을 거부해도
아무런 문제가 없을까?

충북 제천의 스파 건물에서 화재가 발생해 29명의 생명이 안타깝게 목숨을 잃었다. 사건이 발생하자 경찰은 해당 건물의 주인인 이모씨를 체포했다. 소방시설을 부실하게 관리해 많은 사상자를 냈다는 이유로 업무상과실치사상죄를 적용한 것인데, 경찰에 체포된 직후부터 이모씨는 진술을 거부했다. 일부 언론에서는 이를 두고 뭔가 숨기는 게 있지 않느냐는 의혹을 제기하기도 했지만, 헌법과 형사소송법에서 보장하고 있는 진술거부권을 행사하는 것 자체는 법적으로 문제가 되지 않는다.

진술거부권을 행사한다는 사실이 뉴스거리가 된다는 점에서 짐작할 수 있듯 실제로 진술거부권을 행사하는 경우는 그리 많지 않다. 그 이유는 크게 세 가지다.

첫째, 인간은 일단 억울한 일을 당하면 그렇지 않다고 반박하고 싶은 본성이 있기 때문이다. 경찰이나 검찰에서 조사받는 과정을 지켜보면 묻지도 않은 말을 구구절절 이야기하는 피의자를 쉽게 볼 수 있다. 너무 장황하게 사실관계를 설명하는 사람이 많아 오히려 수사관이 자제시키기 일쑤다.

둘째, 범죄를 인정하는 데 피의자의 자백이 반드시 필요한 것은 아니라는 점도 진술거부권 행사가 많지 않은 이유 중 하나다. 진술하지 않더라도 다른 증거로 범죄를 증명하는 것이 얼마든지 가능하다. 수사기관 입장에서는 진술에 집착할 필요가 없다는 뜻이고, 수사받는 사람 입장에서는 진술하지 않더라도 큰 실익이 없다는 의미다.

셋째, 진술거부권을 행사했을 때 불이익이 전혀 없다고 단정적으로 말하기가 쉽지 않아서다. 헌법과 형사소송법에서 명시적으로 규정해놓은 권리를 실제로 사용한다고 불이익을 주는 것은 법 규정에 맞지 않는 일이다. 하지만 현실은 당위와는 일정한 거리를 두고 있다. 빤한 범죄 사실을 두고도 침묵으로 일관하는 태도는 수사기관, 나아가 법원에 좋지 않은 인상을 주고, 결과적으로 나쁜 결과를 야기할 수 있다. 이른바 '괘씸죄'에 걸릴 수 있는 것이다.

대법원은 피고인이 진술을 거부하거나 거짓 진술을 한다는 이유로 더 중한 형벌을 내리는 일은 허용되지 않는다는 원칙적 입장을 취하고 있다. 범죄를 자백하지 않는 것을 인격적 비난요소로 보고 가중적 양형 조건으로 삼는 것은 결과적으로 피고인에게 자백을 강요하는 것이나 마찬가지이기 때문이다. 하지만 대법원은 예외를 인정하고 있다. 피고인의 태도나 행위가 피고인에게 보장된 방어권 행사의 범위를 넘어 객관적이고 명백한 증거가 있는데도 진실을 적극적으로 숨기거나 법원을 속이려는 시도를 한다면 가중적 양형 조건으로 참작될 수 있다고 보는 것이다.[6] 쉽게 말해 원래는 진술을 거부하거나 거짓말을 할 수 있지만, 그 정도가 너무 심한 경우에는 형을 조금 더 무겁게 내리기도 한다는 것이다.

다시 말하지만 수사받는 과정에서 검사의 질문에 반드시 솔직하게 답해야 하는 건 아니다. 헌법에서 진술을 거부할 권리를 보장하고 있으니 말이다. 하지만 실제로 진술거부권을 행사하는 경우가 많지 않은 건 사실이다. 그렇다고 진술거부권이 전혀 무의미한 것은 아니다. 진술거부권을 통해 실현하려는 가치, 즉 피의자(피고인)의 인권 보호와 공정한 재판 실현은 여전히 중요성을 가진다.

+ 어떻게 하면 사기죄가 될까?

한치원이 무죄를 선고받은 까닭

_〈검사외전〉

검사와 사기꾼

변재욱(황정민)은 업무 방식이 터프하기로 유명한 검사다. '양아치'를 합법적으로 까기 위해 검사가 되었다고 담담하게 고백하는 그는 수사를 위해서라면 수단과 방법을 가리지 않는다. 심지어 피의자를 상대로 폭력을 행사하기도 한다(물론 이건 범죄다).

그러다 사고가 터진다. 조사를 받던 피의자가 사망하고 만 것이다. 변재욱은 사람을 때려 죽게 만들었다는 폭행치사죄가 적용되어 체포되고 피고인으로서 형사재판을 받는다. 선배인 우종길 검사(이성민)가 범죄사실을 인정하면 선처받을 수 있게 도움을 주겠다는 말로 회유하자, 변재욱은 우종길 검사의 말을 따르지만 결국 그에게 돌아온 것은 징역 15년이라는 형벌이었다. 피의자를 교도소로 보내던 위치에서 교도소 수감자로 전락한 것이다. 교도소 생활은 낯설고 힘들었다. 갇혀 지내는 것도 고통인데, 물리적 폭력도 수시로 일어났기 때문이다. 하지만 특유의 머리와 검사 출신이라는 이점을 이용해 조금씩 교도소에서 안정을 찾아간다.

아무리 교도소 생활에 적응했다 해도 누명을 밝혀 명예를 회복하는 일을 그만둘 수는 없었다. 절치부심하고 있던 변재욱 앞에 한치원(강동원)이 나타난다. 출중한 외모와 화려한 언변으로 무장한 그의 주특기는 사기. 교도소에 수감된 상황에서도 여자친구에게 "미국에서 공부만 해서 순진하게 한국 사람들 말만 믿었다"라고 천연덕스럽게 거짓말을 하는 그는 사기 분야의 고수라 할 수 있다.

검사와 사기꾼. 도무지 어울릴 것 같지 않은 두 사람이지만, 서로의 필요에 의해 두 사람은 팀을 이룬다. 변재욱은 누명을 벗기 위해 한치원을 이용하기로 한다. 그러려면 한치원이 먼저 교도소를 나가야 한다. 그 말은 한치원이 사기 혐의에서 벗어나야 한다는 의미다.

사기죄는 주변에서 흔히 볼 수 있는 비교적 흔한 범죄다. 어떻게 하면 사기죄가 성립될까?

사기죄의 성립 요건

일반적으로 사기는 다른 사람을 속이는 행위를 일컫는다. 하지만 일상 용어로 사용되는 사기와 형법에서 규정하는 사기죄는 비슷한 면

도 있지만 조금 다르다. 사기죄가 성립하려면 네 가지 요건을 갖춰야
한다.

첫째는 기망행위다. 기망행위는 사실과 다른 이야기로 다른 사람
을 속이는 행위를 말한다. 대출을 받으려면 비용 명목으로 일정 금액
을 입금해야 한다고 속여 돈을 빼앗는 보이스피싱 범죄처럼 사기 범죄
는 대부분 적극적으로 거짓말을 하는 방법으로 기망을 한다. 하지만
때로는 가만히 있는 행위로도 기망할 수 있다. 당연히 해야 할 말을 하
지 않는 경우가 그렇다. 예를 들어 여관 건물에 대한 임대차계약을 체
결하려고 하는데, 그 건물은 경매절차가 진행 중이었다. 그런데 건물
소유자는 임차하려는 사람에게 경매와 관련해 아무런 이야기도 하지
않았고, 임차인은 나중에야 그 사실을 알게 되었다. 이 사례에서 법원
은 계약 상대에게 경매 사실을 알리지 않은 행위가 사기죄에 해당한다
고 판결했다.[7] 곧 상식에 비춰볼 때 '이 사실을 상대방이 알면 계약하
지 않겠구나' 싶은 사항은 미리 말해야 하는 것이다.

둘째는 착오다. 기망행위를 통해 상대방을 속임으로써 착각하게
만들어야 한다. 돈을 빌릴 때 돈의 용도를 속여 말한 경우에는 어떨까?
용도를 속여 착오에 빠뜨렸다면 사기죄가 될 수 있다. 생활자금으로 쓴
다면서 빌렸는데 실제로는 주식투자에 이용한 경우와 같이 진정한 용
도를 고지했다면 상대방이 돈을 빌려주지 않았을 듯한 상황이라면 사
기죄가 된다.

셋째는 처분행위다. 처분행위는 직접 재산상의 손해를 초래하는
행위를 말한다. 여기서 유의할 부분은 '직접성'이다. 행위자의 다른 추

가 행위 없이 직접적으로 손해가 발생한다는 의미다. 예를 들어 보일러 수리공이라고 거짓말을 해 집 안으로 들어간 뒤 물건을 훔치면 사기죄가 아니라 절도죄다. 보일러 수리공이라고 속이는 행위가 있었지만 재산상의 손해는 물건을 훔치는 절도행위에서 직접적으로 발생했기 때문이다. 또한 착오와 처분행위 사이에는 인과관계가 있어야 한다.

넷째는 고의다. 다른 사람의 재물을 침해한다는 의사와 피해자가 어떤 처분을 하게 만들려는 의도가 있어야 한다. 사기의 고의가 있는지는 행위 당시를 기준으로 한다. 처음 돈을 빌릴 때는 충분한 경제적 여력이 있어 돈을 갚을 수 있었는데, 나중에 사정이 바뀌어 돈을 갚지 못하게 된 경우에는 사기죄의 고의가 인정되기 어렵다. 그래서 사기죄로 재판받는 피고인이 가장 많이 하는 말도 "고의가 없었다"라는 말이다. 물론 피고인이 고의가 없었다고 주장한다고 해서 사기죄가 성립되지 않는 건 아니다. 돈을 빌릴 당시의 경제적 상황이나 행위자가 한 말 등을 종합적으로 고려해 법원은 고의가 있었는지 면밀히 판단한다.

사기죄 성립요건을 바탕으로 〈검사외전〉의 한 장면을 살펴보자. 영화에서 한치원이 국선변호인과 상담하고 있는 중에 갑자기 들어온 변재욱은 사건 기록을 쓱 보더니 "기망과 손해 발생 사이에 인과관계가 없으면 사기가 성립하지 않는다"라고 말한다. 대법원 판례까지 거론하며 자신 있게 변론 전략을 제시한다. 변재욱의 말은 물론 맞다. 하지만 영화에서 법원이 한치원에게 무죄를 선고한 이유는 인과관계가 없다고 보았기 때문이 아니라 사기를 칠 의도(고의)가 없었다고 판단해서다. 기망과 손해 발생 사이의 인과관계와 고의는 구별되는 개념이므로 변재욱이 제시한 변론 전략과 법원이 무죄를 내린 근거는 달랐던 것이다.

사기죄 형량은 10년 이하의 징역 또는 2000만 원 이하의 벌금이다.[8] 그런데 사기를 친 액수에 따라 처벌 수위가 달라진다. 사기를 통해 얻은 이득액이 5억 원 이상이면 '특정경제범죄 가중처벌 등에 관한 법률'이 적용되어 형량이 높아진다. 이득액이 5억 원 이상 50억 원 미만일 때는 3년 이상의 유기징역이고, 이득액이 50억 원 이상일 때는 무기 또는 5년 이상의 징역이다.

이런 것도 사기일까?

일상에서 흔히 생길 수 있는 사례를 바탕으로 사기죄로 처벌되는지 여부를 살펴보자.

서유정은 김호중에게 아파트를 팔기로 하고 부동산 매매계약을 체결했다. 매매대금은 3억 원이어서 계약 당일에 김호중은 서유정에게 계약금으로 3000만 원을 주었다. 잔금일이 되었고 김호중은 잔금을 수표로 지급했다. 그런데 서유정은 수표를 받아보고 적잖이 놀랐다. 생각했던 돈보다 더 많았기 때문이다. 김호중이 착각한 나머지 원래 주어야 할 2억 7000만 원보다 더 많은 돈을 준 것이다. 서유정은 살짝 고민했지만 굳이 김호중에게 말할 필요는 없다고 생각해 가만히 있었다. 김호중이 실수를 한 것이니 정말 가만히 있어도 괜찮을 걸까?

법원은 이런 경우에도 사기죄가 성립한다고 보았다.[9] 매도인인 서유정이 사실대로 알려줬다면 매수인인 김호중이 돈을 초과해 주지 않았을 것이다. 곧 가만히 있을 게 아니라 매수인에게 사실대로 고지해 착오에서 벗어나게 해야 한다. 그런 의무를 명문으로 규정해놓은 법률 이 있는 건 아니지만, 신의와 성실이라는 법의 일반 원칙에 따른 의무 를 가지기 때문이다. 둘째 사례를 보자.

이도욱은 백화점 식품매장에서 근무한다. 요즘 경기가 좋지 않아 예전보다 판매량이 대폭 감소했다. 그날도 판매하지 못하고 남은 생식 품이 꽤 많았다. 규정대로라면 폐기하는 게 맞지만 그냥 버리자니 아 깝다는 생각이 들었고 마침 한 가지 생각이 떠올랐다. 그다음 날 아침 이도욱은 포장지를 교체하면서 가공일자를 실제 가공한 날짜가 아닌 재포장한 날짜로 바꿔 라벨을 부착한 뒤 아무렇지 않게 판매했다. 장 사를 하다 보면 어느 정도 속이는 행위가 개입될 수 있으니 이 정도는 괜찮겠지 싶었던 것이다. 정말 그럴까?

법원은 이도욱의 행동이 사기죄에 해당한다고 판결했다.[10] 백화점 과 같은 대형 유통업체에서 생식품 포장에 가공일자를 표기하는 이유 는 신선도에 대한 신뢰를 기반으로 소비자에게 제품을 구입할 기회를 주기 위한 것이다. 소비자들은 백화점 생식품 포장의 라벨에 표시된 가 공일자를 보고 물건을 구매한다. 백화점 폐점 시간이 임박하면 팔리지 않은 생식품을 할인 판매하는 것도 신선도 때문이다. 법원은 실제 가공 한 날짜가 아니라 재포장한 날짜를 가공일자로 기재해 판매하는 행위 는 소비자들의 신뢰를 배신하는 것으로 사회적으로 용인될 수 있는 상 술의 정도를 넘어선 기망행위라 보았다. 셋째 사례는 어떨까?

문송진은 회사 재무부서에서 일한다. 항상 월급이 부족하다고 생각했는데, 지난달 사용한 카드명세서를 보니 가슴이 더욱 답답해졌다. 평소보다 두 배 정도 카드를 긁어서 월급만으로는 감당이 안 될 것 같았기 때문이다. 문송진은 회삿돈을 사용하기로 마음먹었다. 그러고는 이미 알고 있던 법인용 아이디와 비밀번호를 입력해 인터넷뱅킹에 접속한 다음 자신의 계좌로 돈을 이체했다.

문송진의 행위는 사기일까? 당연히 사기라고 생각할 수 있겠지만 '기망행위'라는 사기죄의 성립요건을 생각해보면 그리 간단한 문제가 아니라는 걸 알 수 있다. 사기죄가 성립하려면 사람에 대한 기망행위가 있어야 하는데, 인터넷뱅킹을 통해 범죄를 저지른 경우에는 속은 '사람'이 없으니 사기죄가 아니라고 볼 여지도 있다. 그래서 형법은 '컴퓨터 등 사용사기죄'라는 별도의 사기 유형을 따로 신설해두었다.[11] 이 규정에 따르면 컴퓨터 같은 정보처리장치에 허위 정보 또는 부정한 명령을 입력하거나 권한 없이 정보를 입력·변경해 정보처리를 함으로써 재산상의 이익을 취득하는 것도 사기의 일종이다.

법원도 사기를 당한다?

사기는 어리숙한 사람이 당하는 것이라고 생각할 수 있지만 꼭 그런 것만은 아니다. 오히려 많이 배우고 똑똑한 사람일수록 "설마 내가 사기를 당하겠어?"라고 자신한 나머지 사기 피해자가 될 가능성이 높다. 심지어 법원도 사기를 당한다. 사기 범죄를 저지른 사람을 처벌해야 하는 법원이 사기를 당한다는 게 잘 납득이 안 될 수 있다. 법원이 사기를 당한다는 건 재판 과정에서 속는다는 의미다. 법원에 허위 사실을 주장하거나 허위 증거를 제출해 유리한 판결을 받아 재산을 취득하는 것을 '소송사기'라 부른다.

얼마 전 가수 김광석 씨의 사망과 관련해 여러 의문이 일었다. 그 과정에서 딸 서연 양의 죽음을 둘러싼 의혹도 제기되었다. 김광석 씨의 부인 서모씨가 저작권 소송을 진행하는 과정에서 재판부에 서연 양의 죽음을 알리지 않았을 뿐 아니라, 2008년 10월에 서연 양의 이름으로 음악저작권 수익에 관한 조정조서를 만들었기 때문이다. 이에 대해 더불어민주당 진선미 의원은 서모씨의 행동이 소송사기에 해당할 수 있다는 주장을 펼쳤다(경찰은 소송사기 혐의가 없는 것으로 결론을 냈다).

재판은 사실관계를 확정하는 일에서 시작한다. 그런데 각 당사자들은 같은 상황을 두고도 전혀 다른 주장을 펼친다. 재판 과정에 참여해보면 동일한 상황을 두고도 이처럼 다르게 해석할 수 있다는 사실에 새삼 놀랄 때가 많다. 누구의 말이 사실에 부합하는지 판단하려면 증거가 필요하다. 그런데 그 증거가 조작되었다면 조작된 증거를 바탕으로 법원은 잘못된 판결을 내릴 수밖에 없다. 예를 들어, 돈을 빌려준 적이 전혀 없는데도 상대방에게 빌려간 돈을 갚으라는 민사소송을 제기하면서 차용증을 허위로 작성해 증거로 제출한다면 소송사기가 되는 것이다.

소송사기죄라는 게 있다고 해서 소송을 제기하는 일을 지나치게 부담스러워할 필요는 없다. 법원은 소송사기를 쉽게 인정하지 않는 경향이 있다. 그 이유는 소송사기를 넓게 해석하면 민사재판이 크게 위축될 가능성이 있어서다. 누구든 자기에게 유리한 주장을 하고 소송을 통해 권리구제를 받을 수 있는 절차가 민사재판인데, 소송사기로 처벌받을 위험성을 걱정한 나머지 충분한 주장을 하지 못하는 상황이 발생하지 않도록 소송사기를 아주 제한적으로만 인정하는 것이다.[12] 그래도 조심은 해야 한다. 재판을 하다 보면 상대방을 반드시 이겨야 한다는 생각에만 치우친 나머지 올바르지 못한 수단을 사용하려는 유혹을 느낄 수 있으니 말이다. 단순히 사실과 다른 주장을 한다고 해서 소송사기죄가 되는 건 아니다. 하지만 증거를 조작하는 방법으로 적극적 기망행위를 한다면 소송사기죄로 처벌된다는 점을 유념해야 할 것이다.

사기는 주변에서 흔히 볼 수 있는 범죄다. 다른 사람을 속여서 경제적 이득을 취하는 게 사기의 본질이다. 사기는 돈에 대한 과도한 욕심에서 시작한다. 다른 사람의 돈을 쉽게 취득하려다 사기꾼이 되어 형사처벌을 받는다면 그야말로 소탐대실이다. 세상에 공짜는 없는 법이다.

+ 함정수사는 적법할까?

서장훈이 끈질기게
전화를 건 이유
_〈무한도전〉 408회

유혹하는 거인

〈무한도전〉 원년멤버로 활동하던 노홍철이 하차한 건 음주운전 때문이었다. 리쌍의 길에 이은 두 번째 일이었다. 잇따른 사건으로 갑작스럽게 멤버가 하차하자 〈무한도전〉 제작진은 다시는 이런 일이 생겨서는 안 되겠다고 생각해 멤버들의 마음가짐을 점검하기로 한다. '극한알바'라는 어려운 녹화를 하루 앞둔 늦은 밤, 멤버들에게 전화가 걸려온다. 전화를 건 사람은 멤버들과 친분이 있을 뿐 아니라 평소 술자리를 함께 하곤 했던 서장훈. 서장훈은 '유혹의 거인'이 되어 멤버들을 꼬드겨 술을 마시게 하려 한다. 간단하게 맥주나 한 잔 하자는 서장훈의 제안에 멤버들은 다음 날이 녹화라는 이유로 거절한다.

제작진은 쉽게 물러나지 않는다. 단 한 번의 점검만으로는 충분치 않다고 판단한 것이다. 일주일 뒤 2차 점검이 진행된다. 노홍철 사건으로 경각심이 높아진 탓인지 멤버들은 다시 거절한다. 정준하는 서장훈과 친분 때문에 술자리까지 나오긴 했지만 녹화 전날에는 술을 자제해야 한다며 끝까지 술잔을 입에 대지 않는다.

이 정도면 포기할 법도 한데 200퍼센트 확신이 필요했던 제작진은 다시 한 번 점검을 시도한다. 이번에는 서장훈의 유혹을 이겨낸 정준하가 팀을 이뤄 멤버들을 유혹한다. 부드럽게 칭얼대는 정준하와 강하게 압박하는 서장훈의 환상 호흡으로 멤버들을 어르고 달래고 으박지르는 과정을 되풀이하자, 이런저런 핑계를 대던 정형돈, 박명수, 하하가 마지못해 술자리에 나타난다. 촬영 중이라는 사실을 전혀 알지 못하는 세 사람은 자연스럽게 술을 마신다.

서장훈의 행동은 함정수사와 닮았다.
실제 수사에서도 종종 활용되는
함정수사란 무엇일까?
함정수사를 활용해도 괜찮은 걸까?

함정수사의 의미

얼마 전 남경필 경기도지사의 장남 A씨가 '마약류 관리에 관한 법률' 위반 혐의로 긴급체포되었다. A씨는 조건만남 데이트 어플리케이션에 접속해 '얼음(마약을 지칭)을 같이 화끈하게 즐길' 마약 파트너를 구하다가 붙잡혔다. A씨가 중국에 가서 130명이 동시에 투약할 수 있는 필로폰을 구입해 속옷에 숨겨 입국한 사실도 체포 이후에 밝혀졌다.

유력 정치인의 아들인 A씨 사건이 화제가 되면서 경찰의 수사 방법도 관심을 끌었다. 마약 범죄는 대체로 은밀하게 일어나는데, 경찰은 어떻게 A씨를 체포할 수 있었을까? 답은 의외로 간단하다. 여성 경찰이 마약 파트너를 희망하는 역할로 위장해 A씨를 현장으로 불러낸 뒤 체포한 것이다. 이른바 함정수사陷穽搜査를 이용했다.

함정수사는 특정인이 범죄를 저지르도록 유인한 뒤 실제 범죄가 발생하면 검거하는 수사기법이다. 함정수사라는 용어 자체에 문제를 제기하는 학자도 있다. 일반적인 수사는 범죄가 일어난 뒤에 그 범죄가 누구에 의해 어떠한 방식으로 이뤄졌는지 밝히는 과정인데, 이른바 함정수사는 범죄가 일어나기 전부터 수사기관이 개입하므로 엄밀한 의미의 수사가 아니라는 주장이다. 논리적으로는 그럴듯하지만 통상적으로 '함정수사'라는 용어가 널리 사용되고 있는데다 판례도 함정수사라는 개념을 인정하는 상황이다.

함정수사의 적법성이 논란이 되는 것은 '함정'이라는 단어가 풍기는 부정적 느낌 때문이다. 교통법규는 당연히 지켜야 하고 만약 위반한다면 그에 상응한 대가를 치르는 게 맞다. 하지만 다음과 같은 경우라면 어떨까?

민호는 익숙하지 않은 초행길이라 주위를 열심히 살피면서 운전을 하고 있다. 그런데 신호체계가 복잡하고 도로 환경도 열악한 교차로에 들어섰다. 나름 신호등을 제대로 봤다고 생각하고 좌회전을 했는데, 교차로를 지나고 보니 신호를 착각한 것이었다. 마침 반대편에 차량이나 행인이 없어 다행이라고 생각하던 바로 그때 교통경찰이 갑자기 나타났다. 그동안 전혀 보이지 않다가 신호를 위반하자마자 등장하는 모습을 보니 숨어서 단속 거리가 생기길 기다리고 있던 게 분명하다.

가상의 사례이긴 하지만 이런 상황에 놓인다면 많은 이들이 덫에 걸렸다는 생각에 분한 감정을 느낄 것이다. 함정을 판다는 면에서 부정적 측면이 있는 건 사실이지만, 그렇다고 함정수사를 무조건 금할 수는 없다. 함정수사는 유용하면서도 필요한 수사기법이기 때문이다. 이를테면 통상적인 수사 방법으로는 범죄를 적발하기 어려운 경우가 있다. 마약범죄, 뇌물범죄, 도박과 같은 범죄가 그렇다. 이들 범죄는 은밀하고 조직적으로 벌어진다는 특성이 있다. 다른 사람의 눈을 피할 수 있는 외진 곳이나 폐쇄적인 공간에서 범죄가 발생하기에 목격자를 찾기도 어렵다.

수사기관이 알아서 범죄 수사를 시작하는 경우도 있지만, 피해자가 고소를 하거나 제3자의 고발로 수사가 시작되는 일도 많다. 사기 사건에 대한 수사는 대부분 피해자의 고소에서 시작된다. 그런데 마약, 뇌물, 도박 유의 범죄는 직접적 피해자라고 볼 수 있는 사람이 없다. 이들 범죄는 사회질서를 해친다는 점에서 모든 국민이 피해자라 할 수 있지만, 일반 국민이 은밀한 범죄를 발견해 신고하는 걸 기대하기란 어렵다. 이처럼 은밀하게 벌어져 피해자를 특정하기 어려운 범죄를 적발하기 위해 매수자(마약범죄의 경우), 공여자(뇌물범죄의 경우), 이용자(도박범죄의 경우)를 가장한 함정수사가 사용되는 것이다. 남경필 경기도지사의 아들 A 씨 사례에서 볼 수 있듯, 함정수사는 마약사건에서 주로 활용된다.

적법과 위법을 가리는 기준

함정수사는 권장되는 수사기법이라기보다는 어쩔 수 없이 사용하는 필요악에 가깝다. 따라서 남용되어서는 안 된다. 함정수사에도 적법한 함정수사가 있고, 위법한 함정수사가 있는데, 판례는 적법과 위법을 어떻게 구별할까? 다음 두 사례를 보자.

사례1

경찰관인 범진은 단속 실적이 부족해 고민하던 중 가만히 앉아서 기다리기만 해서는 안 되겠다는 생각을 했다. 범진은 손님인 것처럼 노래방을 방문한 뒤 속칭 노래방 도우미(접대부)를 불러달라고 요구했다. 그런데 음악산업진흥에 관한 법률은 노래방에서 접대부를 고용·알선하거나 호객하는 행위를 금지하고 있다. 범진이 방문한 노래방은 평소 도우미를 불러주는 곳이 아니어서 주인은 범진의 요구를 거절했다. 하지만 범진은 끈질기게 도우미를 불러달라고 요구했다. 범진의 요청이 계속되자 노래방 주인은 할 수 없이 도우미를 불러주고 말았다. 그러자 범진은 손님에서 경찰관으로 돌변해 음악산업진흥에 관한 법률 위반 혐의로 노래방 주인을 검거했다.

사례2

동규가 마약 범죄에 연루되어 경찰에 체포되자 동규의 애인인 혜수는 동규를 석방시키기 위한 방법을 고민하기 시작한다. 고심 끝에 수사기관에 적극 협조해 살길을 찾기로 한다. 혜수는 경찰에 "필로폰 밀수입에 관한 정보를 제공할 테니 동규를 석방시켜 달라"는 제안을 했고, 필로폰 밀수입 경로를 찾던 경찰은 혜수의 제안을 받아들였다. 혜수는 아는 사람들을 총동원했다. 점조직 형태로 운영되다 보니 정보를 구하기 쉽지 않았지만 각고의 노력 끝에 필로폰 밀수입에 관한 정보를 알아낼 수 있었다. 하지만 밀수입 관련 정보만으로는 불충분했고 실제 마약 밀수가 일어나야 했다. 혜수의 지인인 형규는 전에도 밀수입을 해본 적이 있는 우영에게 필로폰 밀수입을 권유했다. 형규의 권유를 받은 우영이 실제로 필로폰을 받으러 나오자 혜수를 통해 이 상황을 전달받은 경찰이 우영을 체포했다.

위 두 사례는 실제 있었던 사건을 각색한 것이다. 대법원은 두 사례에 각기 다른 결론을 내렸다. 사례1은 위법한 함정수사라고 보았고,[13] 사례2는 적법한 함정수사라고 판단했다.[14]

함정수사가 위법한지를 가리기 위해서는 여러 요소를 고려해 살펴야 한다. 해당 범죄의 종류는 무엇이고 어떤 성질을 지녔는지, 유인하는 사람은 어떤 지위에서 구체적으로 무슨 역할을 했는지, 유인한 경위는 어떠했고 어떤 방법을 사용했는지, 유인했을 때 유인당하는 상대방은 어떤 반응을 보였는지, 상대방이 동일한 범죄로 처벌받은 전력이 있는지, 유인 행위 자체가 위법한 건 아닌지 들이다.[15] 비슷한 사건이라 해도 각 사건마다 특수성이 있어 사건에 대한 판단을 내릴 때는 앞서 말한 여러 요소를 종합적으로 고려해야 한다. 하지만 이해의 편의를 돕는 차원에서 간단하게 판단 기준을 설명하면, 함정수사는 두 유형으로 나눌 수 있다.

먼저 범의유발형이다. 범죄를 실행할 생각이 전혀 없었는데 수사기관이 과도하게 개입해 상대방에게 적극 권유함으로써 범죄의 의도(범의)를 만들어내는 것은 위법한 함정수사라는 것이 대법원 입장이다. 범의유발형과 구분되는 것이 기회제공형이다. 수사기관이 개입하기 전부터 원래 범죄의도를 가지고 있던 사람에게 단순히 범죄를 실행할 수 있는 환경을 만들어주었을 때 실제로 범죄가 일어난 경우인데, 이런 경우는 적법하다고 본다.

사례1에서 노래방 주인은 평소 도우미를 부르지 않았고, 불러줄 생각도 없었는데 수사 실적을 채우기 위한 범진의 요청으로 자의에 반해 행동한 결과 법을 위반했다. 그러나 이는 법에서 허용하지 않는 범의유발형 함정수사다. 사례2에서는 수사기관이 적극적으로 함정을 팠다기보다 소극적으로 멍석을 깔아준 것으로 볼 수 있다. 곧 범죄가 생길 수 있는 환경을 조성해주자 범죄가 발생한 것이므로 이러한 수사는 법에서 허용하는 기회제공형 함정수사다.

위법한 함정수사의 효과는?

위법한 함정수사를 하면 어떻게 될까? 수사 방법에 일부 문제가 있기는 했지만 범죄가 발생했다는 사실에는 변함이 없으므로 유죄로 처벌해야 한다는 주장도 있다. 실제로 일본과 독일은 위법한 함정수사로 적발되었다 해도 처벌하는 것으로 알려져 있다. 하지만 한국의 대법원은 처벌할 수 없다는 입장이다. 국가가 사람을 유혹해 범죄를 저지르도록 만들고, 한편으로는 처벌하는 것이 모순적이라는 이유에서다. 이를 두고 아예 무죄 판결을 해야 한다고 주장하는 학자도 있지만, 법원은 공소기각 판결을 한다. 공소기각 판결은 공소제기 절차가 법률 규정에 위배되어 무효인 경우에 하는 것인데, 형사소송법적으로 무죄 판결과 구별되지만, 실제로 처벌하지 않는다는 점에서는 무죄판결과 큰 차이가 없다.

함정을 파놓고 함정에 빠지기를 기다리는 건 어쨌든 좀 치사해 보인다. 공적 역할을 수행하는 수사기관이 함정수사를 한다는 게 문제 있어 보이기도 한다. 하지만 은밀하게 벌어지는 범죄를 적발해내기 위해서는 함정수사를 할 수밖에 없는 불가피한 면이 있다. 그래서 대법원은 함정수사를 위법한 경우와 위법하지 않는 경우로 나눠 판단하는 것이다.

+ 왜 시간이 지나면 범죄를 처벌하지 않을까?

미제사건을
잊을 수 없는 그들
_〈시그널〉 1회

미제사건과 공소시효

2000년 7월 29일, 여자 초등학생 한 명이 납치된다. 납치된 아이를 구하기 위해 경찰력이 대거 동원되지만 결국 그 초등학생은 사망한 채 발견되었다. 심지어 범인도 잡히지 않았다. 생때같은 아이를 잃은 피해 학생의 어머니는 가슴이 미어진다. 달리 할 수 있는 방법이 없는 그녀는 피켓을 들고 경찰서 앞을 지키며 범인을 잡아달라고 호소한다. 그렇게 한 해 두 해가 흘러가지만 상황은 변하지 않은 채 무려 15년의 시간이 지난다. 곧 공소시효가 만료될 상황에 처했다.

박해영(이제훈)은 피해 학생의 친구였다. 친구가 납치된 장면을 목격하고 용의자에 대해 제보했지만 경찰은 초등학생의 말을 귀담아듣지 않았다. 과거의 아픈 기억을 가지고 경찰이 된 박해영은 프로파일링을 통해 범인의 특성을 분석하고 다음 행동을 예측하는 일을 주로 맡는다.

2015년 7월 27일, 박해영은 우연히 이재한(조진웅)이 보낸 무전을 받는다. 무전을 바탕으로 수사하던 중 폐쇄된 정신병원 건물에서 백골 사체를 발견하는데, 알고 보니 그 사체는 피해 학생을 살해한 용의자로 의심받던 사람이었다. 과거 납치사건과 관련된 증거가 나오자 경찰 고위 간부인 김범주(장현성)는 적잖이 당황한다. 김범주는 백골 사체의 주인을 살인사건의 범인으로 보고 사건을 서둘러 덮으려 하지만 차수현(김혜수)의 생각은 달랐다.

"미제사건은 내 가족이, 내가 사랑하는 사람이 왜 죽었는지도 모르는 거니까, 잊을 수도 없는 거."

미제사건 피해자이기도 한 그녀는 미제사건을 왜 잊을 수 없는지 힘주어 이야기하며 사건 해결에 대한 강력한 의지를 드러낸다.

박해영과 차수현, 두 사람의 활약 덕에 범인으로 보이는 사람을 어렵게 찾아내지만 그 사람은 진범이 아니라 진범이 일부러 파놓은 덫이었다. 공소시효가 만료될 때까지 시간을 벌려는 의도였던 것이다. 시간은 점점 흐르고, 두 사람의 마음은 다급해진다.

공소시효는 무엇이고, 왜 공소시효라는 제도를 두는 걸까?

공소시효란 무엇일까?

공소시효公訴時效의 의미를 제대로 이해하려면 형사소송의 절차 전반을 이해할 필요가 있다. 범죄를 저질렀다고 해서 바로 형사처벌을 받지는 않는다. 형사소송을 통해 유죄로 인정되고 판결이 확정되어야 비로소 처벌이 이뤄진다. 민사소송은 누구나 제기할 수 있지만 형사소송은 검사만 제기할 수 있는데, 검사가 형사소송을 청구하는 행위를 공소제기公訴提起, 줄여서 기소起訴라 한다.

공소시효란 검사가 일정한 기간 동안 공소를 제기하지 않고 방치하는 경우 공소를 제기할 권한을 소멸시키는 제도다. 형사재판을 거쳐 유죄가 인정되어야 형사처벌을 할 수 있는데, 공소제기를 하지 못한다는 것은 처벌할 수 없다는 말이다. 단순하게 말해 공소시효는 일정한 기간이 지나면 처벌을 받지 않도록 하는 제도인 것이다.

형사법에 공소시효가 있다면 민법에는 취득시효와 소멸시효가 있다. 취득시효는 일정 기간 동안 재산을 평화롭게 점유하면 그 재산의 소유권을 갖게 되는 것인데, 대표 사례가 점유취득시효다. 이를테면, 다른 사람의 땅인 줄 모르고 20년간 평화롭게 땅을 사용했다면 그 땅의 주인이 될 수 있는 것이다. 취득시효가 권리를 얻게 해주는 제도인 데 반해 소멸시효는 일정 기간 재산권을 행사하지 않으면 그 권리를 잃게 되는 제도다. 다른 사람에게 돈을 빌려주면 당연히 돈을 돌려받을 권리가 있지만, 10년이 지나도록 그 권리를 행사하지 않고 가만히 있으면 돈을 돌려받을 수 없다.

취득시효, 소멸시효, 공소시효는 구체적인 의미에서 조금 차이가 있긴 하지만 공통점을 가진다. 시간이 상당히 흘러 과거와 현재의 상태가 다른 경우에는 과거 상태보다 현재 상태를 더 존중한다는 점이다. 법 이념으로 이야기되는 정의, 합목적성, 법적 안정성 중에서 시효제도는 법적 안정성을 추구한다.

공소시효 기간은 범죄의 경중에 따라 다른데, 짧게는 1년에서 길게는 25년이다. 형사소송법에서는 공소시효에 대해 다음과 같이 규정한다.

형사소송법 제249조(공소시효의 기간)

①공소시효는 다음 기간의 경과로 완성한다.

1. 사형에 해당하는 범죄에는 25년

2. 무기징역 또는 무기금고에 해당하는 범죄에는 15년

3. 장기 10년 이상의 징역 또는 금고에 해당하는 범죄에는 10년

4. 장기 10년 미만의 징역 또는 금고에 해당하는 범죄에는 7년

5. 장기 5년 미만의 징역 또는 금고, 장기 10년 이상의 자격정지 또는 벌금에 해당하는 범죄에는 5년

6. 장기 5년 이상의 자격정지에 해당하는 범죄에는 3년

7. 장기 5년 미만의 자격정지, 구류, 과료 또는 몰수에 해당하는 범죄에는 1년

살인죄나 명예훼손죄처럼 각 범죄마다 공소시효를 정해둔 것이 아니라, 공소시효 정하는 공식을 마련해두고 있다. 따라서 개별 범죄에

대한 공소시효가 몇 년인지는 계산해봐야 한다.

폭행죄를 예로 들어보자. 폭행을 하면 2년 이하의 징역형에 처해 진다.[16] 아무리 징역 기간이 길어도 최대 2년을 넘을 수 없다는 의미다. 곧 폭행죄는 법정형이 '장기 5년 미만'의 징역에 해당하므로 형사소송 법 제249조 1항 5호에 따라 공소시효는 5년이다.

공소시효는 결국 시간의 문제다. 공소시효가 지났는지 명확히 판 가름하려면 기간을 계산하는 시작점과 끝점이 분명해야 한다. 공소시 효의 시작점은 범죄 행위를 종료한 때고, 끝점은 공소를 제기하는 때 다. 폭력 사건을 예로 들면, 폭행 행위가 일어난 시점으로부터 5년 이내 에 공소가 제기되어야 하고, 만약 그 이후에 공소가 제기되면 처벌할 수 없다.

공소시효를 둘러싼 논쟁들

범죄를 저지르면 그에 상응하는 처벌을 받아야 한다. 그게 상식이 고 사람들이 가진 정의 관념에 부합한다. 그런 점에서 범죄를 저질렀는 데도 처벌하지 않는 공소시효제도는 얼핏 이상한 제도처럼 느껴질 수 있다. 하지만 공소시효는 한국에만 있는 제도가 아니다. 법치국가 대부 분이 공소시효제도를 인정한다. 그렇다면 공소시효를 인정하는 이유 는 무엇일까? 크게 세 가지 근거가 제시된다.

첫째는 범죄자와 그 주변 사람들의 인권을 보장할 필요성 때문이 다. 오래전 일으킨 사소한 범죄를 아주 긴 시간이 지난 뒤 문제 삼는 것은 바람직하지 않을 수 있다. 또 때늦게 범죄자를 처벌하면 범죄자인 것을 알지 못하고 범죄자와 가깝게 지낸 이들에게 피해를 줄 수 있다.

둘째는 유죄 입증의 어려움이다. 시간이 지나면 증거가 없어지거 나 훼손된다. 범인을 제대로 밝혀내기 힘들다면 공소시효를 인정해 사 건을 마무리하는 것이 합리적일 수 있다.

셋째는 권리를 행사하지 않은 것에 불이익을 줄 필요성이 있어서 다. 흔히 소멸시효를 인정하는 이유에 대해 "권리 위에 잠자는 자는 보 호하지 않아도 되기 때문"이라는 설명이 덧붙는다. 이와 유사하게 검찰 로 대표되는 국가도 공소제기라는 권리를 장시간 행사하지 않았으므 로 그 권리를 보호받지 못한다는 논리다.

공소시효를 인정해야 하는 근거에도 일면 타당성이 있지만 반론 역시 다음과 같이 존재한다.

첫째는 범죄자나 그 주변 사람들의 인권보다 피해자의 인권이 더 중요하다는 것이다. 현재 상태를 존중하는 법적 안정성이 필요한 것은 맞지만, 법의 다른 이념인 정의도 중요하다. 정의를 실현해야 할 요청이 더 강한 경우에는 법적 안정성이 한 발 물러나야 한다는 논리다.

둘째는 증거를 찾는 것이 아주 어렵지만은 않다는 것이다. 최근 과학수사 기법이 발달해 오래전 사건에 대해 새로운 증거를 확보하는 일이 빈번해졌다. 곧 증거가 없다면 할 수 없지만 새로운 증거를 발견했 는데도 공소시효가 지났다고 처벌하지 않는 것은 불합리하다는 주장 이다.

셋째는 권리를 행사할 수 없는 사유는 예외로 둬야 하며 가급적 권리가 행사되도록 해야 한다는 것이다. 권리는 기본적으로 혜택의 성격을 가진다. 따라서 혜택을 박탈할 때는 매우 조심스러워야 하며 이를 박탈해 국가의 공권력을 행사하지 못하게 할 것이 아니라 적극적으로 행사하게 하는 것이 사회에 도움이 된다는 주장이다.

공소시효제도의 보완

지난 1999년 5월 20일 오전 11시, 대구의 어느 동네 골목에서 한 남성이 어린아이에게 황산을 끼얹었다. 황산을 뒤집어 쓴 김태완(당시 6세) 군은 49일 동안 고통 속에서 투병했지만 결국 세상을 떠나고 말았다. 어린 자녀를 잃은 것만도 가슴이 찢어질 듯한데, 더 큰 문제는 15년이 지나도록 범인이 잡히지 않았다는 점이다.

"이 세상 어느 부모가 자식이 억울한 일을 겪은 걸 보고 그냥 물러설 수 있겠어요. 공소시효에 막혀 억울함을 풀어줄 수 없다면 이것은 부모로서 도저히 존재할 수 없는 거잖아요."

2015년 3월 고 김태완 군의 어머니 박정숙 씨가 기자회견을 통해 살인죄 공소시효의 철폐를 촉구한 것은 피해자 입장에서는 당연한 요구였다. 이 사건을 계기로 살인과 같은 흉악범에게까지 공소시효를 적용하는 것에 대한 비판 여론이 강하게 일었고, 결국 국회는 2015년 7월 형사소송법을 개정해 사람을 살해해 사형에 해당하는 범죄를 저지른 경우에는 공소시효를 적용하지 않도록 했다. 이 형사소송법 일부 개정안을 흔히 '태완이법'이라 부른다.

태완이법의 정신은 공소시효가 적용되는 범위를 줄여서 범죄를 저지르고도 처벌받지 않는 불합리한 상황을 가급적 최소화시키자는 것이다. 우리 법은 공소시효를 인정하면서도 공소시효의 단점을 보완하기 위한 여러 장치를 마련해두고 있다.

먼저 공소시효의 시점에 대한 예외다. 원칙적으로 범죄 행위가 발생한 때부터 공소시효가 시작되지만, 미성년자 또는 아동·청소년에 대한 성폭력범죄의 경우에는 해당 성폭력범죄로 피해를 당한 미성년자가 성년이 된 날부터 시작한다. 어린 시절에는 범죄의 의미에 대해 알지 못하거나 범죄를 당하고도 힘이 약해 미처 말하지 못하는 경우가 있다. 그래서 어른이 되어 그 의미를 이해하고 주체적인 행동을 할 수 있을 때까지 공소시효가 진행되지 않도록 한 것이다.

또한 공소시효가 진행되다가 중간에 정지할 수도 있다.

"네가 가라, 하와이!"

어느 정도 나이가 든 사람은 알고 있을 법한 영화 〈친구〉의 대사다. 준석(유오성)과 동수(장동건)는 원래 절친한 친구였지만, 서로 다른 폭력조직에 몸담으면서 앙숙이 된다. 준석이 동수에게 사건이 잠잠해질 때까지 하와이에서 몸을 피하라고 조언하자 동수가 응수한 말이 바로 "네가 가라, 하와이"였다.

영화 〈친구〉 말고도 흉악범죄를 저지른 뒤 해외로 도피하는 장면이 많이 나오는데, 해외에서 숨어 지내다가 공소시효가 지난 뒤에 들어오겠다는 생각인 것이다. 이런 사람을 처벌하지 않는다는 건 굉장히 불합리해 보인다. 그래서 이런 경우에는 공소시효를 정지시킨다. 예를 들어 2017년에 공소시효가 5년인 범죄를 저지르고 형사처벌을 받지 않으려고 해외에서 7년간 머무른 뒤 국내에 들어왔다면, 해외에서 머물렀던 7년은 공소시효 계산에서 빠지는 것이다. 곧 국내에 들어와 검거되면 처벌받을 수 있게 된다.

　과거의 일은 과거의 일로 묻어두는 것이 나을 때가 있다. 형사소송법이 시간이 지나면 처벌하지 않는 공소시효제도를 두고 있는 건 아주 오래전 일을 자꾸 들춰내면 오늘이 혼란스러워질 수 있어서다. 하지만 아무리 오랜 시간이 지나더라도 바로 잡아야 하는 일도 있다. 그것이 법이 공소시효를 인정하면서도 그 단점을 보완하는 장치를 마련해두는 이유다.

한국에서 가장 많이
재판을 받는 범죄는?

사법부의 행정업무를 담당하는 법원행정처는 매년 소송에 관한 각종 통계를 정리한 《사법연감》을 발표한다. 아래 내용은 2017년 《사법연감》에서 발췌한 것으로, 2016년에 각급 법원에 접수되거나 처리된 형사사건을 대상으로 한다.

2016년 한 해 동안 교통사고처리특례법이나 특정범죄가중처벌 등에 관한 법률과 같은 특별법 위반 사건을 제외하고 일반 형법 위반으로 소송이 접수된 건수는 총 38만 8649건이다(이는 1~3심의 소송 건수를 모두 합친 것이다). 이 가운데 가장 많이 발생한 범죄는 무엇일까?

3위는 절도와 강도다(총 2만 606건). 절도는 단순히 다른 사람의 물건을 훔치는 것이고, 강도는 폭행이나 협박을 사용해 다른 사람의 물건을 훔치는 행위다. 절도보다 강도가 더 나쁜 범죄이므로 당연히 강도죄를 저질렀을 때의 형벌이 더 무겁다.

2위는 상해와 폭행이다(총 3만 6360건). 신체에 부정적 영향을 미친다는 점에서 상해와 폭행은 비슷하지만, 둘은 범죄가 성립하는 구성 요건도 다르고 법적 효과에서도 차이가 있다. 폭행은 신체의 물리적 힘을 가하는 것이고 상해는 신체에 손상을 가하는 것이다. 쉽게 말해 손바닥으로 상대방의 뺨을 때려 상대가 고통을 느끼긴 했지만 특별히 치료받지 않아도 되는 상태면 폭행이고, 상대방 얼굴을 주먹으로 때려서 치료를 받아야 할 정도로 다치게 했다면 상해라고 보면 된다. 물론 상해인지 폭행인지 구분이 모호한 경우도 많다.

1위는 사기와 공갈이다(총 6만 6808건). 사기죄는 거짓말로 다른 사람을 속여 돈을 받는 걸 말하고, 공갈죄는 폭행이나 협박을 이용해 돈을 받는 걸 말한다. 폭력조직의 조직원이 동네 상인들을 위협해 돈을 갈취하는 것이 대표적인 공갈에 해당한다.

기타 통계

형사소송의 피고인이 되면 당연히 구속된다고 생각하는 사람이 있겠지만, 형사소송법은 불구속 상태에서 수사받도록 하는 것을 원칙으로 삼고 있다.[17] 실제로도 구속되는 사람의 비율이 더 적다. 1심 형사공판사건의 경우 3만 3272명(12.1퍼센트)이 구속되어 재판을 받은 반면, 87.9퍼센트에 이르는 24만 2802명은 불구속 상태에서 재판을 받았다.

피고인의 성별을 보면 남성 비율이 훨씬 높다. 1심 형사공판사건 경우 남성 비율은 87.4퍼센트, 여성 비율은 12.6퍼센트다.

형사소송의 피고인들이 가장 바라는 건 무죄를 받는 일이다. 그렇다면 무죄를 받는 비율은 얼마나 될까? 2016년 처리된 사건 26만 8510건 중에서 무죄 건수는 9080건으로, 비율로 따지면 약 3.4퍼센트다. 한편 불구속 상태에서 수사를 받은 피고인은 무죄율이 3.7퍼센트인데 반해 구속 상태에서 수사받은 피고인은 0.5퍼센트에 불과했다. 일단 구속이 되었다면 무죄선고를 받기가 매우 어렵다는 걸 알 수 있다.

3장

법조인과 법

+ 복사기인가, 판사인가?

복면을 쓰고
노래하는 가수들
_〈복면가왕〉

"계급장 떼고 덤벼라!"

두 명의 가수가 듀엣을 이뤄 노래를 부른다. 연예인과 일반인 방청객이 두 가수 중 더 감동을 준 사람에게 투표하면 결과에 따라 탈락자가 결정되고 승자는 다음 라운드에 진출한다. 다음 라운드부터는 듀엣 공연이 아니라 솔로 공연이 이어지는데, 판정단에 의해 승자와 패자가 갈린다는 점에서는 이전 라운드와 큰 차이는 없다. 최종 결승전에서 이기면 '가왕'이라는 칭호를 부여받는다.

어떻게 보면 〈복면가왕〉은 평범한 음악 경연 프로그램이라 할 수 있다. 가수들이 나와서 노래를 부르고 판정단에게 평가를 받는다는 점에서 다른 방송사의 경연 프로그램인 〈불후의 명곡〉〈판타스틱 듀오〉와 큰 차이가 없는 듯하다. 하지만 〈복면가왕〉에는 여타의 노래 경연 프로그램과 구별되는 차이점이 존재한다. 바로 가수들이 '복면'을 쓰고 노래한다는 사실이다. 처음에는 복면을 쓰더라도 별다를 게 없을 것이라 생각했는데 결과는 예상을 뛰어넘었다. 외모를 가리자 목소리가 드러났다.

〈복면가왕〉 제작진은 기획의도에서 '인기'라는 '계급장'을 떼고 진정한 실력으로만 가수를 뽑는다면 누가 최고의 가수가 될 것인지 묻는다. '미스터리 음악쇼'를 표방하는 〈복면가왕〉에서 가장 많이 언급되는 단어가 바로 '편견'이다. 사회자인 김성주는 편견 없는 MC라고 자신을 소개하고, 많은 출연자는 대중이 가진 각종 편견을 깨기 위해 프로그램 출연을 결심했다고 말한다.

> 편견을 극복하는 일은 연예인만이 아니라 법조인, 특히 법적 판단을 내리는 판사에게도 중요하다. 판사의 편견을 극복하기 위한 제도적 장치로는 어떤 것이 있을까?

판사들이 사건에 대해 잘 모르는 이유

직장에서 나와 집으로 귀가하던 진철은 길을 가던 행인 명호와 시비가 붙었다. 술에 잔뜩 취한 명호가 다짜고짜 욕을 하기에 "그러지 말라"고 타일렀는데 적반하장으로 명호가 달려들어 진철을 때렸다. 그런데 어떻게 된 영문인지 경찰과 검찰은 "상대방이 나를 때렸다"라고 주장하는 명호의 말을 믿어주었고, 진철은 폭행사건 피해자가 아닌 가해자가 되고 말았다.

진철은 억울한 마음을 가눌 길이 없었지만, '법원에 있는 현명한 판사님은 내 억울함을 알아줄 거야'라고 생각하고는 첫 재판에 참석했다. 그런데 이게 웬일일까? 판사는 인적사항 몇 가지를 확인하고 재판의 절차적 부분에 대해서만 설명할 뿐이었고, 검찰은 진철이 범죄를 저질렀다고 주장하는 것이었다. 눈치를 보아하니 판사는 사건 내용을 잘 모르는 것 같았다.

가상 사례이긴 하지만 충분히 있을 법한 일이다. 형사소송의 피고인이 되어 재판을 받으러 갔는데, 사건에 대해 잘 알지 못하는 담당 판사를 보는 건 흔히 있는 일이다. 그렇다고 판사를 비난해서는 안 된다. 그건 판사가 게으르거나 사건에 관심이 없어서가 아니라 첫 재판 때까지는 사건과 관련한 자세한 사실을 판사에게 알려주지 않기 때문이다. 왜 이런 일이 발생하는지는 형사소송이 시작되는 과정을 살펴보면 이해할 수 있다.

형사소송은 검찰의 공소제기가 있어야 시작되는데, 공소제기는 말로 하는 게 아니라 서류로 한다. 공소장公訴狀이라는 서류를 검찰이 법원에 제출해야 형사소송이 진행되는 것이다. 공소장에는 피고인이 누구인지, 피고인이 구체적으로 어떤 행위를 했는지, 피고인의 행위가 어떤 법을 위반했는지 기재된다. 그런데 검사가 공소장을 제출할 때 한 가지 지켜야 할 사항이 있다. 검사는 공소장만 제출해야지 공소장 외의 다른 서류(이를테면 범죄사실을 증명해줄 각종 증거서류)를 제출해서는 안 된다. 이런 원칙을 공소장일본주의公訴狀一本主意라 부른다. 단어만 듣고

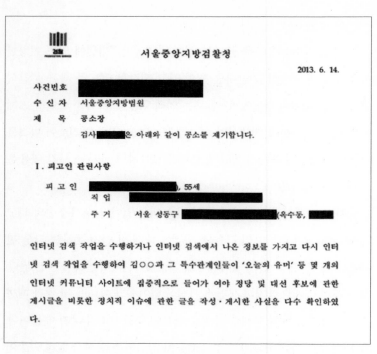

공소장 예시

이웃나라 일본을 떠올리며 일제 잔재가 남아 있다고 생각할 수도 있지
만, 공소장일본주의에서 '일본一本'은 공소장 하나를 의미하는 것으로,
이웃나라 일본日本과는 무관하다.

공소장에는 범죄에 관한 일반적 내용만 적혀 있을 뿐 자세한 내용
이 구구절절 기재되어 있거나 각종 증거기록들이 첨부되어 있지는 않
다. 따라서 공소장만 받아보고 첫 재판에 참여한 판사가 사건을 자세
히 알지 못하는 게 당연하다.

마음속의 두 마리 나쁜 개

"사람 마음속에는 두 마리 나쁜 개가 살고 있는데, 한 마리는 편견이고, 다른 한 마리는 선입견이다."

정확한 출처는 알 수는 없지만, 편견과 선입견을 경계하는 말이다. 법원이 공소장일본주의라는 원칙을 유지하는 이유는 바로 편견과 선입견을 배제하기 위해서다. 편견과 선입견을 배제하는 건 재판을 맡은 법관(판사)에게 당연히 요구되는 태도다. 두 사람의 금전문제를 주로 다루는 민사소송에서도 편견 없이 공정하게 재판을 해야 하겠지만, 피고인에게 죄가 있는지 없는지를 가리는 형사소송에서는 편견을 배제할 필요성이 더욱 높아진다. 잘못된 판단을 내리면 피고인에게 돌아가는 피해가 매우 크기 때문이다. 그런데 재판을 시작하기도 전에 검찰이나 경찰이 수사 과정에서 확보한 각종 증거자료들을 판사가 모두 본다면 어떻게 될까? 피고인도 자신에게 유리한 증거자료를 제출하고 피의자 신문조사에서 나름 설명할 수도 있겠지만 그런 반박은 충분히 반영되지 못하거나 검찰에 비해 부족한 경우가 대부분이다. 검찰 주장에 부합하는 내용이 가득 담긴 증거자료를 미리 본 판사는 자신도 모르게 검찰 주장이 맞는 것으로 생각할 가능성이 높다.

헌법 제27조에서는 무죄추정의 원칙을 규정하고 있다. 범죄를 저지른 사람이라도 법관이 진행하는 형사소송을 통해 판결이 확정되기 전까지는 무죄로 추정한다는 이야기다. 그런데 본격적인 재판을 하기도 전에 판사가 피고인에 대해 '당연히 유죄겠거니' 하고 지레짐작을 한다면, 굳이 재판을 할 필요가 없을지도 모른다.

곧 재판을 통해 검찰과 피고인의 말 중 누구 말이 진실에 부합하는지를 중립적이고 객관적으로 판단하기 위해서는 편견과 선입견을 최소화시켜야 하기에 공소장만 제출하도록 하는 것이다. 이는 가수에게 복면을 씌움으로써 인기 같은 외적 요소를 제거하고 오로지 노래로만 실력을 평가하는 〈복면가왕〉의 기획의도와 일맥상통한다.

공소장일본주의의 내용

공소장일본주의의 근거 규정인 형사소송규칙은 "법원에 예단이 생기게 할 수 있는 서류 기타 물건을 첨부하거나 그 내용을 인용하여서는 아니된다"라고 규정한다.[1] 대법원은 공소장에 기재된 사실이 법관 또는 배심원에게 영향을 주어 범죄사실의 실체를 파악하는 데 장애가 되는지를 기준으로 공소장일본주의 위배 여부를 판단해야 한다는 입장이다.[2]

형사소송규칙과 대법원 판례는 모두 법관에게 예단(편견 혹은 선입견)을 심어줄 서류 등의 첨부를 금지하고 있지만, 사실 이것만으로는 충분치 않다. 형사소송규칙과 대법원 판례 모두 일반론적 원칙을 제시한 것이어서 구체적 상황에서 공소장일본주의를 위반한 것인지 판단하기란 쉽지 않다. 실제 있었던 사건을 살펴보자.

홍길동(가명)은 A정당 당원이자 지방자치단체 ○○시의 시장이고, 이몽룡(가명)은 제20대 국회의원 선거 때 ○○시 선거구에 A정당 후보로 출마한 사람이다. 홍길동 시장은 ○○산악회의 한라산 등반행사에 이몽룡 후보와 함께 참석해 산악회 회원들에게 A정당과 이몽룡 후보를 지지해달라는 취지로 말했다. 그런데 홍길동 시장의 행위는 법에 위반된 행동이다. 공직선거법상 선거를 통해 취임한 지방자치단체장은 선거운동을 할 수 없기 때문이다. 이에 검찰은 홍길동 시장을 공직선거법 위반 혐의로 기소했다. 문제는 검찰이 기소할 때 사용한 공소장이었다. 공소장에는 범죄가 발생한 장소와 시간, 선거운동을 할 수 없는 홍길동의 지위, 이몽룡의 지위와 A정당과의 관계만 기재해도 충분했는데, 지나치게 자세할 뿐 아니라 불필요한 내용까지 포함되어 있었다. 예를 들어 "홍길동이 이몽룡의 선거사무실 개소식에 직접 참석해 이몽룡에 대한 홍길동의 지지를 공공연하게 과시했다" "홍길동이 A정당 중앙당에 ○○시 선거구의 정당 후보자가 누구로 결정되든 돕겠다는 의사를 표시했다" "홍길동은 A정당 소속 국회의원 후보를 위해 선거운동을 하기로 마음먹고 있었다" 같은 내용이다. 공소사실과 직접적 관계가 없는 사실까지 포함된 것이다. 그뿐 아니라 검찰이 유죄 증거로 제출한 녹취록 내용까지 그대로 공소장에 인용했다.

법원(전주지방법원 정읍지원)은 홍길동에 대한 공소장이 공소장일본주의에 위배된다고 판단했다.[3] 곧 공소사실에 꼭 필요한 사항과 관련이 없는 내용까지 서술된 공소장은 법관에게 "홍길동이 이 사건 공소사실 외에도 A정당 및 이몽룡을 위해 금지된 선거운동을 했거나 이몽룡의 선거운동을 지속적으로 도와주었다"라는 인상을 줄 수 있고, 따라서 홍길동이 이 사건 공소사실도 충분히 저지를 수 있다는 예단을 일으킬 수 있다는 것이다.

공소장일본주의의 한계와 의미

가면을 벗었을 때 깜짝 놀랄 만한 반전을 제공하는 가수도 많지만, 가면을 써도 정체가 드러나는 가수가 있다. 독특한 목소리나 발성 때문에 혹은 특유의 행동이나 말투 때문에 정체가 드러나는 것이다. 가면이 정체를 숨겨주는 완벽한 장치가 아니듯 공소장일본주의 역시 편견이나 선입견을 없애주는 완벽한 제도는 아니다.

첫째, 공소장에는 본질적으로 범죄에 관한 여러 가지 사실이 기재될 수밖에 없다. 공소장에 "A씨가 나쁜 짓을 저질렀다"라고 막연하게 쓸 수는 없으니 언제, 어디에서, 어떤 방법으로 범죄를 저질렀는지 사실을 명시해야 한다. 그 과정에서 범죄를 저지르게 된 배경이나 의도와 같이 사건을 전체적으로 이해할 수 있게 해주는 내용이 포함될 수밖에 없다.

둘째, 판사는 공소장 이외의 증거도 결국 다 보게 된다. 첫 재판에서는 공소장만 받지만 공소장만으로 재판을 할 수는 없다. 검찰이 제출한 각종 증거를 면밀히 살피고, 증인신문을 통해 새롭게 증거를 확보하기도 한다. 이처럼 증거조사를 거쳐 적법한 증거로 인정되면 검찰이 작성한 증거를 모두 검토하게 되므로 공소장일본주의의 효과는 일시적일 수밖에 없다.

셋째, 공소장일본주의에 위반되더라도 다시 재판을 받을 수 있다. 공소장일본주의를 위반하면 법원은 무죄판결이 아니라 공소기각公訴棄却 판결을 내린다. 공소기각은 재판의 형식적 요건에 문제가 있거나 지켜야 할 절차를 따르지 않았을 때 내리는 판결로, 죄가 없음을 확인해주는 무죄판결과는 의미가 다르다. 그래서 검찰은 절차를 제대로 지켜 다시 기소할 수 있다. 실제로 앞선 사례의 홍길동도 다시 재판을 받아 벌금 200만 원이 선고되었다.

　이와 같은 공소장일본주의의 한계를 듣고 나면 다소 허탈한 느낌이 들 수도 있다. 하지만 그렇다고 공소장일본주의가 아무 의미 없는 것은 아니다. 판사 대부분은 성실하게 재판을 진행하면서 사건 기록을 꼼꼼하게 살피지만, 그렇지 않는 판사도 더러 있기 때문이다. 증거조사를 거쳐 적법한 증거로 인정되었는데도 기록을 제대로 검토하지 않아 기본적인 사실관계를 파악하지 못한다거나, 재판이 끝나기도 전에 '피고인은 유죄'라는 결론을 은연중에 내비치는 판사도 있다. 그런 판사들 중 십중팔구는 피고인에게 유죄를 선고하는데, 판결문은 검찰 공소장을 그대로 베껴 쓴다거나 판결 경위에 대한 설명이 부실한 경우가 많다. 그런 판결문을 접할 때면 판사가 검찰 공소장을 그대로 베끼는 복사기와 다를 바 없지 않느냐는 의문이 든다. 물론 일부 불성실한 판사의 이야기다.

　공소장일본주의의 목적은 편견을 최소화해 공정한 재판이 진행되도록 데에 있다. 어쩌면 공소장일본주의는 형사재판을 담당하는 판사들의 자세에 대한 원칙이라 할 수 있다. '검찰이 기소했으니 유죄인게 맞겠지'라는 선입견을 갖지 말고 객관적이고 중립적인 태도로 재판에 임하라는 요구인 것이다.

+ 충견인가, 검사인가?

한강식 검사의
초라한 말로
_〈더 킹〉

대한민국의 왕은 누구인가?

박태수(조인성)는 학창시절에 한마디로 '양아치'였다. 공부에는 관심이 전혀 없고 싸움질에만 열을 올렸다. 학교에서도 아예 내놓은 학생이었다. 싸움만 잘하면 된다고 생각하던 박태수는 아버지가 젊은 검사에게 두 손이 발이 되도록 싹싹 비는 모습을 보고 큰 충격을 받는다. 주먹의 힘보다 더 센 힘이 있다는 걸 깨달은 그는 그때부터 공부에 매진해 서울대 법대에 합격하고 사법시험까지 통과해 당당히 검사가 된다.

서류 더미에 둘러싸인 채 사건을 해결하기 위해 골몰하면서 평범하게 검사 생활을 하던 박태수의 인생에 변화가 찾아온 것은 체육 교사의 성폭행 사건을 맡으면서였다. 자신이 가르치는 학생들을 상대로 성범죄를 저지른 체육 교사를 엄벌하는 게 마땅하다고 생각해 법에 따라 처리하려는 그에게 선배 검사 양동철(배성우)이 찾아와 체육 교사

사건을 무마해주면 새로운 세계로 인도하겠다고 유혹한다.

그 새로운 세계란 잘나가는 엘리트 검사 한강식(정우성)이 이끄는 전략수사 3부에 들어가는 것. 대한민국을 쥐락펴락하는 그들의 힘은 실로 막강하다. 그들이 움직이면 재벌 회장도 벌벌 떨고 그들이 손댄 사건은 신문 1면을 장식한다. 호화스러운 펜트하우스에서 벌어진 그들만의 파티에 초대된 박태수는 고민 끝에 한강식 라인을 타기로 결심한다. 그 뒤부터 롤러코스터를 타는 듯 스펙터클한 인생이 펼쳐진다.

영화나 드라마의 단골 주인공인 검사. 검사는 무슨 일을 하는 사람들일까?

검사가 하는 일

검사의 기본 업무는 범죄 수사다. 범인을 찾아내고 범죄의 발생 과정을 밝히는 일을 하는 것이다. 일부 범죄, 예를 들어 모욕죄와 같이 친고죄親告罪라 불리는 범죄는 피해자가 가해자를 고소해야 수사를 할 수 있지만 이는 예외적인 경우고, 검찰은 누군가의 고소, 고발, 신고가 없이도 스스로 수사를 시작할 수 있다. 수사에는 두 가지 방식이 있다.

첫째는 임의수사다. 강제력을 행사하지 않고 상대방의 동의나 승낙을 받아 진행하는 수사 방식이다. 범죄 혐의가 있는 사람을 검찰로 불러 질문하고 그에 대한 답을 듣는 과정인 피의자 신문조사가 대표적 임의수사라 할 수 있다. 피의자 신문조사는 임의수사이기 때문에 피의자가 반드시 출석해야 하는 건 아니다. 이와 비슷하게 경찰관도 수상한 행동이나 그 밖의 주변 사정을 합리적으로 판단했을 때 범죄를 저질렀다는 의심이 드는 사람에게 수사기관까지 동행하자고 요청할 수 있다. 이와 같은 임의동행도 임의수사이기 때문에 요청에 응해야 할 의무는 없다.

임의수사는 피의자의 인권을 보호한다는 점에서는 매우 바람직한 방법이지만 범인이 순순히 수사에 협조하지 않을 가능성이 매우 높기 때문에 임의수사만으로는 수사의 목적을 충분히 달성하기가 어렵다. 둘째 방법인 강제수사가 필요한 이유다.

강제수사는 수사받는 사람의 의사와 무관하게 이뤄지는 수사 방식이다. 대표 사례로는 사람의 신체를 일정 기간 동안 특정한 장소에 가둬두는 체포逮捕, 구속拘束, 범죄와 연관된 물건을 특정 장소에서 찾아낸 뒤 보관하는 압수押收, 수색搜索이 있다. 체포·구속, 압수·수색과 같은 강제수사는 수사받는 사람에게 미치는 불이익이 매우 크기 때문에 원칙적으로는 법원이 발부한 영장이 있어야 한다. 물론 중대한 범죄의 용의자를 눈 앞에 둔 긴급한 상황에서는 예외적으로 영장 없이 체포할 수 있다.

검사는 수사만이 아니라 재판에도 깊이 관여한다. 형사재판이 시작되려면 공소가 제기되어야 하는데, 공소를 제기할 수 있는 유일한 사람이 바로 검사다. 이를 기소독점주의起訴獨占主義라 부른다. 기소할 수 있는 권한을 검사에게만 주는 이유는 공소제기의 적정성을 보장하기 위해서다. 형사소송의 피고인이 되어 재판을 받는다는 것은 당사자에게 매우 고통스러운 일이므로 범인일 가능성이 매우 높은 경우에만 재판을 받도록 해야 한다. 따라서 법률과 수사에 관한 전문가인 검사로 하여금 재판 청구의 업무를 전담하게 하는 것이다.

업무에 따라 검사는 크게 수사검사와 공판검사로 나눌 수 있다. 피의자를 불러 조사하고 증거를 확보하는 수사 과정을 전담하는 검사가 수사검사고, 형사재판에 출석해 주장을 펼치고 증인신문을 하는 등 재판을 전담하는 검사가 공판검사다. 중요 사건의 경우에는 수사를 한 검사가 직접 재판에 출석하기도 하지만 대부분의 사건은 수사검사가 공소제기를 하고 나면 공판검사가 재판 업무를 챙긴다.

검사의 힘은 어디에서 나올까?

권력이나 재력을 가진 사람들이 자녀를 검사로 만들거나 아니면 혼인을 해서라도 검사를 가족으로 두려는 현상은 그만큼 검사가 막강한 힘을 가졌다는 걸 방증한다. 그렇다면 검사의 힘은 어디에서 나오는 걸까?

검사는 수사 대상과 수사 범위를 정할 수 있다. 평범하게 살아가는 사람들은 자신이 수사 대상이 되면 극심한 스트레스를 받는다. 털어서 먼지 안 나는 사람이 없기 때문이다. 하늘을 우러러 한 점 부끄러움이 없는 사람이라 하더라도 고통스러운 건 마찬가지다. 대기업의 고위 임원, 검찰의 고위 간부 등 사회적으로 높은 명망을 유지하던 사람들이 검찰 수사 도중 극단적 선택을 하는 일이 종종 발생하는데, 이는 수사받는 사실 자체가 얼마나 힘든 일인지 보여준다.

임의수사는 강제성이 없다는 점에서, 압수나 수색은 신체에 행해지는 것이 아니라는 점에서 체포나 구속에 비해 그나마 덜 괴로운 수사 방법에 속한다. 갑자기 체포되어 수갑이 채워진 상태로 연행된다면 평소 아무렇지 않게 생각하던 신체의 자유가 얼마나 소중한지 뼈저리게 느끼게 된다. 체포에서 그치지 않고 구속되어 구치소에 갇혀 지내다 보면 그런 일을 가능케 하는 검사의 힘을 충분히 느낄 수 있다(구속영장 발부 주체는 법원 판사지만 영장을 청구하는 사람은 검사다).

수사 대상이 되지 않는 것이 가장 바람직하겠지만, 불가피하게 피의자가 되어 수사를 받는 단계에 진입했다면 원만하게 해결되기를 희망할 것이다. 최선의 결과는 혐의가 없다는 사실을 확인해주는 무혐의 처분을 받는 것이다. 그런데 혐의사실이 인정될 경우에는 어떨까? 피의자 입장에서는 기소유예가 차선의 결과다. 기소유예起訴猶豫는 범죄 혐의는 있지만 기소를 하지 않는 검사의 처분을 말한다. 범죄 혐의가 있는데도 기소를 하지 않는다는 게 불합리해 보일 수 있지만 법적으로 충분히 가능한 일이다.

수사 결과 범죄 혐의가 밝혀지면 반드시 공소를 제기해야 한다는 원칙을 기소법정주의起訴法定主義라 부르고, 범죄 혐의가 있더라도 재량에 따라 공소를 제기하지 않을 수 있는 원칙을 기소편의주의起訴便宜主義라 한다. 그런데 한국의 형사소송법은 기소편의주의를 명시적으로 인정하고 있다.[4] 곧 기소유예는 죄가 있지만 기소하지 않아 처벌받지 않도록 하는 것인데, 이것을 가능하게 하는 제도가 기소편의주의인 것이다. 쉽게 말해 잘못은 했지만 봐주는 셈인데, 이런 제도를 인정하는 이유는 뭘까?

얼마 전 경기도 수원시의 도심가에서 알몸으로 춤을 춘 30대 여성이 화제가 된 적이 있다. 공공연하게 음란한 행위를 하면 형법에 따라 공연음란죄로 1년 이하의 징역 또는 500만 원 이하의 벌금형에 처해진다. 하지만 검찰은 이 여성을 처벌하지 않고 기소유예 처분을 내렸다. 이 여성이 정신과 치료를 받고 있는 점을 감안한 결정이었다.

이 여성의 행위처럼 형식적으로 봤을 때 범죄 행위를 한 것은 맞지만 여러 사정을 고려해야 하는 경우가 있다. 그래서 형사소송법은 범인의 연령·성행(성격)·지능·환경, 피해자와의 관계, 범행의 동기·수단·결과, 범행 후의 정황 등을 종합적으로 고려해 처벌하는 것이 바람직하지 않다고 판단될 때는 기소하지 않을 재량권을 검사에게 준 것이다.

형사소송법이 기소편의주의를 규정하는 이유는 법이라는 잣대를 너무 엄격하게 적용하면 억울하게 피해를 보는 사람이 발생할 수 있어서다. 그런데 이를 악용하는 사례도 있다. 권력과 자본력을 가진 사람들이 범죄를 저지르고도 검사의 재량권을 교묘하게 이용해 기소유예 처분으로 법망을 빠져나가는 경우다.

재판 단계에서도 검사는 힘을 발휘한다. 가장 두드러지게 드러나는 부분은 구형求刑이다. 유죄가 인정되면 그다음 결정해야 하는 건 형벌의 종류와 정도인데, 이를 양형量衡이라 한다. 예를 들어, 법정에 출석해 진실만을 말하겠다고 선서까지 한 증인이 허위 진술을 하면 위증죄로 처벌을 받는데, 형법에서 위증죄의 처벌 범위로 정해놓은 기준은 5

년 이하의 징역 또는 1000만 원 이하의 벌금형이다. 징역과 벌금 중 어느 형벌을 부과할지, 만약 징역이라면 몇 년을 명할지 정하는 것이 바로 양형이다.

양형은 기본적으로 판사가 정한다. 하지만 판결이 선고되기 전 검사는 양형에 관한 의견을 제시하는데, 이 절차가 바로 구형이다. 판사가 검사의 구형대로 선고해야 하는 것은 아니다. 검사의 구형 의견은 참고자료에 불과하지만 그래도 아주 무시할 수만은 없다. 검사의 구형보다 매우 낮게 형이 선고되면 검사는 양형에 대한 판단이 잘못되었다는 이유로 상소할 수 있어 판사에게도 부담으로 작용하기 때문이다.

검사가 하면 안 되는 일

검사에게 강력한 권한을 주는 이유는 공정하게 수사해 범죄자를 처벌함으로써 사회질서를 수호하려는 목적에서다. 그런데 문제는 힘을 남용하는 데서 발생한다.

안타깝게도 검사가 물의를 일으킨 이야기는 언론의 단골 기사다. 김모 부장검사는 2012년 5월부터 2016년 3월까지 28차례에 걸쳐 룸살롱 등에서 사업가로부터 향응과 3400만 원 상당의 금품을 제공받은 혐의로 재판에 넘겨져 징역 1년형(집행유예 2년)을 선고받았다. 2012년 4월에는 서울동부지검에 실무수습을 위해 파견된 전모 검사가 여성 피의자와 성관계 및 유사성행위를 하는 일이 벌어져 징역 2년의 실형을 선고받기도 했다. 최근에는 노래방에서 후배 여성 검사에게 부적절한 신체 접촉을 한 혐의로 부장검사가 구속되는 일도 있었다.

공적 역할을 위해 주어진 힘을 사적 목적을 달성하기 위해 사용하는 것도 문제지만, 정치권력과 부당하게 결탁해 검찰권을 남용하는 행위도 지양해야 한다. 한국 검찰은 정치검찰이라는 비판을 자주 받는다. 심지어 권력의 충견이라는 극단적 표현을 쓰며 검찰을 비판하는 사람도 적지 않다. 검찰 입장에서는 부당하다고 여길 수 있지만 그간의 행적을 보면 정치권력을 돕기 위해 검찰 본연의 역할을 하지 못한 사례가 꽤 많다.

이른바 미네르바사건이 그중 하나라 할 수 있다. 2008년 7월경, 한 네티즌이 미네르바라는 필명으로 인터넷 게시판에 글을 쓰기 시작했다. 미네르바는 경제 상황을 분석하고 앞으로 벌어질 경제 위기를 예측했는데, 미네르바가 예측했던 일이 현실에서도 일어나자 미네르바의 글은 주목을 받았다. 미네르바는 당시 집권하던 정부의 경제정책을 비판하는 글도 다수 게시했다. 그러자 검찰은 미네르바의 글에 일부 허위 사실이 포함되었다는 이유로 수사에 착수했고 결국 구속기소했다. 당시 검찰이 적용한 법률은 전기통신기본법이었다. 공익을 해할 목적으로 전기통신설비를 이용해 공연히 허위의 통신을 한 자를 형사처벌하는 조항이 전기통신기본법에 있는 건 사실이지만, 거의 사문화되다시피 한 조항이었다. 또한 헌법재판소는 해당 규정이 지나치게 추상적으로 규정되어 있고 내용이 명확하지 않아 헌법에 위반되는 법률 조문이라는 결정을 내리기도 했다.

정부에 비판적인 논객의 입을 막기 위해 사문화된 법조문까지 무리하게 끌어들여 처벌하려는 검찰의 모습은 안타까움을 자아냈다.

검사에게 많은 힘을 부여하고 있는 건 사회질서를 유지하는 데 그들의 역할이 중요하기 때문이다. 범죄를 저지른 사람을 잡아서 처벌하는 것이 검사 본연의 모습이다. 그럼에도 공적 용도로 써야 할 힘을 사적으로 사용하려는 검사가 일부 존재하는 게 사실이다. 그들에게 "큰 힘에는 큰 책임이 따른다"라는 〈스파이더맨〉의 유명한 대사를 전하고 싶다.

+ 집사인가, 변호사인가?

변호인의 접견시간이
무제한인 이유
_〈그것이 알고싶다〉 1000회

교정시설 속 세상

주식회사의 주인은 주주이지 주식회사 총수가 아니며 회사의 재산 역시 총수의 돈이 아니다. 이 사실을 가슴 깊이 새기지 못한 한 재벌 총수는 회삿돈 497억 원을 횡령한 혐의로 구속되었다. 과거에도 횡령 전력이 있었던 그는 복역한 지 2년 7개월 만에 사면을 받아 사회에 복귀했다. 그는 구치소에서 조용히 자신의 죄를 반성하기보다는 매우 바쁘게 생활했다. 2년 7개월 동안 변호인 접견을 포함해 총 1778회나 접견을 했으니 말이다.

변호인 접견을 특별히 선호하는 행태는 꼭 그 남성에게만 국한된 것은 아니다. 오전에 운동을 나갔다가 오후에 변호인이 오면 내내 시간을 보내다 방으로 돌아오는 사람이 꽤 있다고 한다. 수요와 공급이 서로를 유인하는 유기적 관계는 변호인 접견에도 적용된다. 변호인 접견을 원하는 수용자가 있다는 점을 이용해 일정 금액을 내면 옥바라지를 해주겠다고 제안하는 법무법인이 있을 정도다. 횟수와 방법까지 제시하면서 적극 홍보하기도 한다.

집사 변호사라는 말이 있다. 집사가 주인 곁에서 온갖 번거로운 일을 다 처리해주듯, 의뢰인 곁에서 의뢰인의 고충을 처리해주는 변호사를 말한다. 다시 말해 구속된 피고인의 변호를 위해 노력한다기보다는 피고인을 접견해 말동무를 해주고 소송과 무관한 업무를 대행해주는 일을 주로 하는 변호사들을 낮춰 일컫는 말이 바로 집사 변호사다.

변호인접견권은 어떤 권리이고, 법이 변호인접견권을 보장하는 이유는 무엇일까?

변호인접견권이 뭐기에?

변호인접견권辯護人接見權은 말 그대로 변호인을 만나 이야기를 나눌 수 있는 권리를 말한다. 변호인은 단순히 피고인을 만나기만 할 수 있는 것이 아니라 피고인으로부터 서류나 물건을 받을 수도 있다. 이와 같은 변호인접견권은 헌법에서도 그 근거를 찾을 수 있을 정도로 중요한 권리다. 헌법 제12조 4항은 체포나 구속을 당한 피고인이나 피의자가 변호인의 도움을 받을 수 있는 권리를 명시하고 있다. 곧 변호인과 자유롭게 접견해야 변호인의 도움을 받을 수 있는 권리가 제대로 구현될 수 있다는 것이다. 변호인접견권을 인정하는 근거는 크게 두 가지다.

첫째는 기본 인권을 보호하기 위해서다. 형사재판이 끝나기 전에 범죄 혐의가 있는 피고인을 체포하거나 구속하는 것은 처벌을 위해서가 아니라, 범죄의 추가 발생을 막고 증거인멸을 예방하기 위해서다. 필요에 따라 일시적으로 신체의 자유를 제한해놓고 있지만 그렇다고 피고인의 인권이 무제한적으로 부인되어서는 안 된다. 다른 사람과 만나 이야기 나누는 것은 인간의 존엄과 가치를 실현하기 위해 필수적으로 요구되는 일이다. 또한 체포나 구속이 되면 아무리 강심장을 가진 사람이라 하더라도 심리적으로 위축될 수밖에 없는데, 이때 변호인 접견을 통해 어느 정도 안정감을 찾을 수 있다.

둘째는 방어권을 보장하기 위해서다. 체포나 구속이 되었다고 모두 유죄는 아니다. 법원의 판결이 나기 전까지는 무죄로 추정한다. 아직 유죄가 아닌 피고인은 자신의 입장을 적극 주장해 스스로를 방어할 권리가 있다. 하지만 체포나 구속이 되어 사회와 격리된다면 방어권을 행사하기가 어려워진다. 친구나 가족이 도와줄 수도 있겠지만 법 전문가가 아닌 이상 제한적일 수밖에 없다. 이때 변호인이 조력자가 되어 사건의 진행 상황을 파악하고 대응 방안을 논의할 수 있는데, 그러기 위해서는 직접 만나 이야기를 나누는 것이 가장 효과적이다.

변호인 접견의 특징

피고인이 변호인만 만날 수 있는 건 아니다. 변호인이 아닌 가족,

친구들과도 만나 이야기 나눌 수 있다. 하지만 변호인 접견과 비변호인 접견에는 여러 차이가 있다.

먼저 변호인 접견은 제한 없이 보장되지만, 비변호인 접견은 그렇지 않다. 법원은 피고인이 증거를 인멸할 가능성이 높다고 판단될 경우에는 비변호인과 접견을 금지할 수 있다.[5] 실제로 검찰은 2016년 11월 20일 국정농단 사태의 장본인인 최순실 씨를 구속기소하면서 증거인멸을 우려해 최씨가 변호인 외에 다른 사람을 만날 수 없도록 접견·교통 금지를 재판부에 신청했고, 법원이 이를 받아들여 2017년 3월 30일까지 넉 달간 일반 면회가 금지되었다. 하지만 변호인 접견은 제한할 수 없다. 변호인 접견을 제한하는 법령은 없기 때문이다. 경찰이나 검찰과 같은 수사기관이 아니라 법원은 어떨까? 법원도 변호인 접견을 금지시킬 수 없다는 것이 대법원의 명확한 판례다.[6]

횟수와 시간에도 차이가 있다. 비변호인 접견은 미결수 기준으로 1일 1회로 제한되고 시간도 회당 30분 이내다. 그에 반해 변호인 접견은 횟수와 시간 제한이 없다. 이 점을 악용하면 변호사를 집사처럼 이용할 수 있다. 야간이나 공휴일 같은 특수 상황이 아니면 하루 종일 변호사와 이야기할 수도 있다. 꼭 소송에 관한 이야기를 하지 않고 일상 이야기, 심지어 농담 따먹기를 하면서 시간을 보낼 수도 있다.

물론 변호인 접견 횟수와 시간에 제한을 두지 않은 취지가 변호인을 말동무 상대로 이용하라는 건 아니다. 사실관계가 간단하고 특별히 법리를 고민할 필요가 없는 사건도 있겠지만, 반대인 경우도 있다. 곧 무슨 일이 일어났는지 파악하는 일부터가 간단치 않거나 치밀한 논리를 구상하고 소송 전략을 짜야 하는 사건도 있는 것이다. 그런 경우 변호인은 피고인과 충분한 대화를 통해 사실관계를 명확히 정리하고, 어떻게 대응해나갈 것인지 논의해야 한다. 때로는 사건기록을 함께 보면서 질의응답을 하거나, 법원에 제출할 서류를 검토하다 보면 한 시간이 훌쩍 지나가는 경우도 있다. 충분한 접견시간은 충실한 변호를 위한 전제가 된다. 아울러 변호인과 하는 접견은 비밀이 보장된다. 변호인 접견을 할 때는 교도관이나 경찰관이 입회할 수 없다. 대화 내용을 듣거나 녹음하는 행위도 해서는 안 되며 대화 장면을 촬영할 수도 없다. 불안한 분위기를 조성해 자유로운 접견에 지장을 주어서는 안 되는 것이다.

비변호인과 피고인이 접견할 때는 두 사람 사이에 접촉 차단시설이 존재하지만, 변호인과 접견할 때는 차단시설이 없다. 네이처리퍼블릭 전 대표였던 정운호 회장이 도박 혐의로 구속되자 법조계에 전방위적 로비를 펼친 이른바 정운호게이트가 불거진 적이 있다. 당시 정 대표는 수임료 문제를 두고 다투다 부장판사 출신 최유정 변호사를 폭행했는데, 이와 같은 폭행도 변호인과 의뢰인 사이에 차단시설이 없었기에 가능했던 것이다.

부작용은 있지만, 변호인접견권이 중요한 이유

집사 변호사가 활동하게 된 직접적 원인은 변호인접견권을 악용하는 이들의 꼼수와 이에 동조하는 일부 변호사들의 부적절한 처신 때문이지만, 그 이면에는 변호사 업계의 구조적 문제도 있다. 과거에 비해 변호사 수는 크게 늘었지만 그에 비례해 사건 수는 증가하지 않았다. 서울변호사협회의 2016년 통계에 따르면, 변호사 한 명이 한 달에 수임하는 사건 수가 평균 1.69건이라고 한다. 두 달에 3건, 일 년에 20건 정도밖에 맡지 못하는 셈이다. 사무실마다 사정이 다르긴 하지만 일반적으로 개인 변호사가 인건비, 임대료를 충당하면서 사무실을 유지하려면 매달 최소 4~5건을 수임해야 한다. 이는 변호사 업계도 불황이라는 걸 보여주는 통계다. 다른 직업군에 비해 변호사의 수입이 많은 편이겠지만, '변호사=고액 연봉자'라는 등식은 점점 빛을 잃어가고 있는 게 사실이다. 이런 어려움을 타개하기 위한 방법을 고민하던 일부 변호사가 변호인접견권을 이용한 것이다.

집사 변호사로 활동하는 행위가 범법행위도 아닌데다 변호사의 업무 방식은 자유롭게 정할 수 있으니 문제가 없다는 반론도 있을 수 있다. 하지만 집사 노릇을 하면서 피고인의 말동무나 하는 것을 정상적인 변호 활동이라 보기는 힘들다. 변호인접견권을 남용하면 변호사, 나아가 사법체계에 대한 국민의 신뢰는 결국 줄어들 것이다. 또한 이는 실질적 피해를 낳기도 한다. 구치소마다 사정이 조금씩 다르지만 변호인 접견장소가 충분치 않은 곳이 많아 변호인 접견을 위해 상당 시간을 대기해야 하는 일이 다반사다. 집사 활동을 위한 변호인 접견 때문에 다른 수용자나 변호사의 시간이 허비될 수 있는 것이다.

대한변호사협회도 집사 변호사에 대한 문제를 인식하고 대응에 나섰다. 대한변호사협회는 2017년 1월 징계위원회를 열고 구치소 접견권을 이용해 수용자들의 잔심부름을 하거나 편의를 봐준 이른바 집사 변호사 10명을 변호사법상 품위유지의무 위반 등의 혐의로 징계 처분했다. 2017년 5월에도 8명 변호사를 징계했다.[7] 무거운 징계를 받은 한 변호사는 2015년 1월부터 2016년 5월까지 총 2210회에 걸쳐 수용자를 접견했는데, 접견 1회당 평균 접견시간이 14분에 불과했다고 한다. 변호사로서 충실한 변론을 하기 위해 접견했다기보다 단순히 접견하기 위해 변호사가 되었다고 볼 수 있다.

제도를 악용하는 사례가 있다고 해서 그 제도가 없어져야 하는 건 아니다. 여러 차례 강조한 것처럼 피고인이 변호인의 도움을 적절히 받을 수 있으려면 변호인접견권은 반드시 필요하다. 헌법재판소도 "변호인과의 자유로운 접견은 신체구속을 당한 사람에게 보장된 변호인의 조력을 받을 권리의 가장 중요한 내용이어서 국가안전보장·질서유지·공공복리 등 어떠한 명분으로도 제한될 수 있는 성질의 것이 아니다"라는 입장을 표명하며 그 중요성을 인정했다.[8]

변호사는 판사, 검사와 달리 공무원이 아니기 때문에 법에 어긋나지 않는 한 자유로운 경제활동이 폭넓게 보장된다. 하지만 변호사라는 이름을 내걸고 일을 한다면, 변호사의 사명이 인권을 옹호하고 사회정의를 실현하는 것이라는 점[9]을 명시한 변호사법의 뜻을 마음 깊이 새겨야 할 것이다.

법조인들은 법조문을
다 외우고 있을까?

"그 많은 법조문을 어떻게 다 외우시나요?"

잘 모르는 사람을 만나 직업을 밝힐 때면 종종 듣는 말이다.

"열심히 노력하다 보니 다 외울 수 있었습니다"라고 답하면 좋겠지만, 실상은 전혀 다르다. 법조인들은 법의 제1조부터 마지막 조문까지 토씨 하나 틀리지 않고 달달 외우고 있을 것이라는 건 대단한 오해다. 가장 기본적인 법이라할 수 있는 민법만 해도 조문 수가 1118개인데 그걸 다 외운다는 건 사실상 불가능하다. 법이 민법만 있는 것도 아니다. 헌법, 형법, 민사소송법, 형사소송법등 수없이 많다. 암기가 불가능하기도 하지만 굳이 암기해야 할 필요도 없다. 대략적인 위치나 키워드를 알면 컴퓨터나 스마트폰을 이용해 금방 검색할 수있기 때문이다.

법조인들이 주로 하는 일은 주어진 법조문을 해석하는 일이다. 외국어로 기술된 것도 아니고 한글로 적혀 있는데 굳이 해석이 필요한지 의문을 가질 수도있다. 그러나 추상적으로 규정된 법조문을 실생활에 적용하려면 해석이 필수적이다. 예를 들어, 민법 제750조는 "고의 또는 과실로 인한 위법행위로 타인에게 손해를 가한 자는 그 손해를 배상할 책임이 있다"라고 규정되어 있다. 어떤 일이 일어났을 때 그것이 위법한 행위인지 가리는 일은 생각보다 어렵다. 법률적 분쟁이 되는 사건이 발생하면 법조인들은 사실관계를 명확히 정리하고 유사한 판례를 찾아보며 법적 판단을 이끌어가는 방식으로 일한다.

의사는 저마다 진료 분야가 있다. 의사만큼 전문화가 확실한 건 아니지만, 법조인들 사이에도 전문화가 진행되고 있다. 민사와 형사의 기본 내용은 대부분 알지만 특정 분야의 세부 내용까지 법조인이라고 해서 다 아는 건 아니다. 이혼사건을 주로 담당하는 변호사는 저작권이나 특허권 같은 지식재산 분야를 잘 모를 수 있다. 또 형사사건만 맡아온 검사는 기업의 M&A 분야에 대해서는 아는 바가 별로 없을 가능성이 높다. 그래서 법조인들끼리도 익숙하지 않은 분야는 다른 법조인에게 자문을 구하곤 한다.

답정너(답은 정해져 있으니 너는 대답만 해), 고답이(고구마를 먹은 듯이 답답하게 구는 사람)와 같이 일상에서 줄임말을 쓰는 일이 많은데, 법조인들도 줄임말을 종종 쓴다. 대표적으로 몇 가지를 소개한다.

형총, 민총

권총, 기관총 같은 무기 종류를 말하는 게 아니고 법률 과목이다. 형총은 '형법 총칙'의 줄임말이고, 민총은 '민법 총칙'을 의미한다. 참고로 총칙은 해당 법의 기본이 되는 원칙을 모아놓은 부분을 말한다.

위수증

영수증과 관련이 있을까? 그렇지 않다. 위수증은 크게 두 가지 의미로 사용된다. 첫째는 위법수집증거고, 둘째는 위법수집증거 배제의 법칙이다. 예를 들어, 경찰이 고문이나 협박을 통해 피의자로부터 자백을 받아내면 그 증거(자백)는 위법한 방법으로 수집된 증거다. 위법하게 수집된 증거는 증거로서 자격을 갖추지 못한다는 원칙을 위법수집증거 배제의 법칙이라 한다.

김프로, 박프로

골프 선수와 같은 운동선수를 의미하는 게 아니다. 주로 검사 혹은 검사 출신 변호사를 부를 때 사용하는데, 검사를 뜻하는 영어단어인 prosecutor에서 왔다고 한다.

쌍불, 심불

뜨거운 불과는 거리가 있는 단어들이다. 쌍불은 쌍방 불출석의 줄임말로 민사소송에서 원고와 피고가 모두 출석하지 않은 상태를 말한다. 심불은 심리불속행을 뜻한다. 판결문에는 당연히 판결 이유를 기재해야 하지만, 대법원에는 워낙 사건이 많아서 일일이 판결 이유를 적지 않고 간단하게 상고를 기각하는 심리불속행을 하기도 한다.

4장
||||||||||||||||||||||||||||||||||||||||||||||||||||||||||||||||||||||||||||||||||||

국가와 법

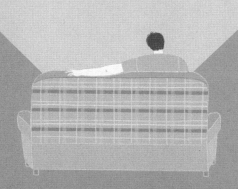

+ 국가는 국민의 목숨을 빼앗을 수 있을까?

문유정이 사형제에
반대하는 까닭
_〈우리들의 행복한 시간〉

우리들의 행복한 시간,
그들의 행복했던 시간

살고 싶지 않은 한 여자가 있다. 문유정(이나영)은 자살을 시도한 횟수만 벌써 세 번이다. 도저히 그녀를 가만히 두고 볼 수 없던 그녀의 외삼촌은 한 달간 병원 치료를 권한다. 하지만 고모인 모니카 수녀(윤여정)는 보다 근본적인 해결책이 필요하다고 생각해 그녀를 병원이 아닌 다른 곳으로 데리고 가는데, 바로 교도소였다.

한 수용자가 모니카 수녀를 만나기 위해 접견실로 들어오는데, 풍기는 기운이 심상치 않다. 모니카 수녀가 그의 마음을 달래려고 살갑게 말도 건네고 먹을 것도 전달하려 하지만, 그 남자는 "1분 1초가 미칠 것 같으니, 빨리 죽여 달라는 탄원이나 해달라"며 신경질적으로 반응할 뿐이다. 그는 빨간 번호표를 가슴에 붙이고 있는 사람, 사형수 정윤수(강동원)다.

부유한 집에서 부족한 것 없이 자라 부모 덕에 교수 자리까지 차지한 유정과 평생을 가난하고 배고프게 살아온 윤수. 자라온 환경은 무척 다르지만 두 사람은 묘하게 서로 닮아 있음을 깨닫고 조금씩 마음을 열어나간다. 하지만 그들에게 시간은 많지 않다. 윤수는 사형 집행이 예정되어 있는 사람이다. 유정은 검사인 오빠를 찾아가 따지듯 말한다.

"사람 죽인 건 잘못했다고 쳐. 그럼 국가가 사람 죽이는 건? 그건 옳은 거야?"

그러자 이야기를 듣던 오빠는 "죽이는 게 아니라 집행이야, 법집행"이라고 맞선다.

사형은 목숨을 빼앗는 극단적 형벌이라는 점에서 논쟁적인 제도다. 사형에 대해 헌법재판소는 어떤 입장을 가지고 있을까?

사형제도의 현황

형법 제41조는 형벌의 종류를 9개(사형, 징역, 금고, 자격상실, 자격정지, 벌금, 구류, 과료, 몰수)로 정해놓고 있다. 이 가운데 사형은 인간의 소중한 생명을 빼앗는다는 점에서 가장 무거운 형벌이자 궁극의 형벌이다. 과연 어떤 범죄를 저질러야 사형을 선고받는 걸까?

한국에서 사형제도를 법정형으로 정하는 법률은 총 20개에 달한다. 흔히 알고 있는 형법(살인, 존속살해) 외에 다른 법률에서도 사형을 법정형으로 규정해놓고 있는데, 대표적인 것으로는 전시 또는 사변 시에 지휘관이 지켜야 할 장소를 지키지 않은 경우(군형법 제27조), 인체에 현저히 유해한 식품, 식품첨가물 또는 건강기능식품을 제조해 사람을 다치게 하거나 사망하게 한 경우(보건범죄 단속에 관한 특별조치법 제2조) 등이 있다. 법정형이라는 건 선고가 가능한 형벌의 종류를 의미하므로 이런 범죄가 발생했다고 해서 반드시 사형을 선고해야 하는 건 아니다. 실제로 사형이 선고되는 건 계획적이고 매우 잔혹한 방법이 사용된 살인처럼 반인륜적 범죄인 경우가 대부분이다.

사형제도는 논란이 많은 제도다. 잔혹한 범죄로부터 개인과 사회를 보호하기 위해 사형제도가 필요하다고 생각하는 사람도 많지만, 인간의 존엄성을 이유로 사형제도 폐지를 주장하는 사람도 적지 않다. 한편 사형제 폐지운동을 벌이는 국제사면위원회Amnesty International의 통계에 따르면, 법률적 혹은 실질적 사형 폐지국은 140개국이고(1997년 12월 30일 이후 사형집행이 이뤄지지 않은 한국도 실질적 사형 폐지국에 속함), 사형제도를 유지하고 있는 나라는 58개국이며, 2015년 한 해 처형된 사람의 수(중국 제외)는 1634명 이상이라고 한다.[1]

사형제도를 둘러싼 헌법적 논란

국민의 자유와 권리는 최대한 보장받아야 하지만 무한정으로 보장받을 수 있는 건 아니다. 기본권 제한에 대한 헌법 규정은 다음과 같다.

헌법 제37조

② 국민의 모든 자유와 권리는 국가안전보장·질서유지 또는 공공복리를 위하여 필요한 경우에 한하여 법률로써 제한할 수 있으며, 제한하는 경우에도 자유와 권리의 본질적인 내용을 침해할 수 없다.

헌법에 따라 기본권을 제한하려면 "국가안전보장·질서유지 또는 공공복리"를 위한 목적이 있어야만 가능하다. 다른 목적을 위해서는 기본권이 제한될 수 없다. 목적만이 아니라 방법도 중요하다. "법률"로만 제한할 수 있고 법률이 아닌 다른 법령(이를테면 대통령령이나 총리령)이나 행정부의 정책으로는 제한이 불가능하다. 마지막으로 "제한"을 가하는 건 가능하지만 본질적 내용을 침해할 수는 없다.

헌법에 명문으로 규정되어 있지는 않지만 헌법재판소는 기본권 제한이 정당화되려면 비례원칙에 위배되지 않아야 한다고 보고 있다. 비례원칙比例原則이란 '과잉금지의 원칙'이라고도 불리는데, 간단히 말하면 특정한 목적 달성을 위해 사용하는 수단이 개인의 기본권을 지나치게 침해해서는 안 된다는 것을 뜻한다.

비례원칙에 위배되지 않으려면 네 가지 요건(목적의 정당성, 수단의 적합성, 피해의 최소성, 법익의 균형성)을 갖춰야 한다. 곧 법률이 기본권을 제한하기 위해서는 법률을 만든 목적이 정당해야 하고(목적의 정당성), 수단은 목적을 달성하기 위한 적절한 방법(수단의 적합성)이어야 한다. 또한 기본권이 필요한 정도를 넘어서 과도하게 침해되는 일이 없어야 하며 (피해의 최소성), 제한되는 국민의 기본권과 그를 통해 얻는 공익을 비교했을 때 공익이 더 커야 한다(법익의 균형성).

헌법재판소는 사형제도에 대해 1996년과 2010년 두 번의 결정을 내렸는데, 두 번 모두 사형제도가 헌법에 위반되지 않는다는 결론이었다. 하지만 헌법재판소의 모든 재판관이 동일한 생각을 가졌던 것은 아니다. 사형제도가 헌법에 위반된다는 견해를 가진 재판관도 여럿 있었다. 2010년 선고된 헌법재판소 결정[2]을 중심으로 사형제도가 비례원칙에 위반되는지에 관해 헌법재판소에서 전개된 논쟁을 살펴보자. 세부 쟁점에 대한 다수의견을 먼저 소개하고 반대의견을 살펴볼 텐데, 반대의견은 소수의견이며 헌법재판소의 공식 법정의견은 아니다.

목적의 정당성

다수의견: 사형제도의 목적은 크게 세 가지 정도다. 우선 일반 국민에 대한 심리적 위협을 통해 범죄의 발생을 예방하는 것이다. 그리고 극악한 범죄에 대한 정당한 응보(대갚음)를 통해 정의를 실현하는 것이다. 해당 범죄를 그 사람이 다시 저지를 가능성을 영구히 차단해 사회를 방어한다는 공익상의 목적도 가지고 있다. 따라서 사형제도의 입법 목적은 정당하다.

반대의견: 헌법의 궁극적 존재 이유는 사회 구성원 한 사람 한 사람이 인간으로서 존엄과 가치를 가지고 생활해나갈 수 있도록 보장하기 위해서다. 그런데 국가가 인간 존재의 근원인 생명을 빼앗는 것을 헌법이 용인한다면 이는 헌법 스스로 존재 이유를 부정하는 것과 같다. 사형은 범죄에 대한 형벌로서 국가가 범인의 생명을 박탈하는 것이다. 극악무도한 살인범에 대해 사형을 선고하고 집행하더라도 이를 통해 피해자의 생명을 구할 수는 없다. 국가가 사형을 통해 범인의 생명을 빼앗는 것은 피해자의 생명을 보호하는 것이 이미 불가능해진 상태에서 범죄에 대한 비난으로서 응보의 기능만 있을 뿐이다. 범죄에 대한 보복으로서 국가가 인간의 생명을 빼앗는 것은 정당화될 수 없다.

수단의 적합성

다수의견: 사형제도에는 일반적인 범죄 예방효과가 있다. 인간은 누구나 죽음에 대한 공포를 가지고 있다. 잔인무도한 범죄를 저지른 사람에게 사형을 내림으로써 사람들로 하여금 '극악한 범죄를 저지르면 사형당할 수도 있겠구나'라는 생각을 심어줘 범죄를 예방할 수 있다. 또한 잔혹한 방법으로 다수의 인명을 살해하는 등의 극악한 범죄의 경우, 그 법익 침해의 정도와 범죄자의 책임의 정도는 가늠할 수 없을 만큼 심대하다. 수많은 피해자 가족의 형언할 수 없는 슬픔과 고통, 분노 그리고 국민이 느낄 불안과 공포까지 고려한다면 극악한 범죄에 대해 헌법질서가 허용하는 한도 내에서 강력하게 처벌해 정의를 실현

하는 게 필요하다. 가장 무거운 형벌인 사형은 정당한 죗값을 치르게 하여 정의를 실현하는 적절한 방법이다.

반대의견: 한국은 1997년 12월 이래 지금까지 단 한 건도 사형을 집행하지 않았다. 그렇다고 해서 사형을 집행하던 때보다 개인과 사회가 범죄로부터 더 심각한 위협을 받게 되었다고 볼 수 없다. 사형제도에는 일반적인 범죄 예방효과가 없다는 의미다. 형벌을 통한 응보가 '눈에는 눈, 이에는 이'와 같은 동해보복同害報復을 의미하는 것은 아니다. 오히려 국가가 이미 체포되어 재판을 받고 수감된 범죄자의 생명을 의도적·계획적으로 박탈하는 것은 형법에서 살인을 범죄로 규정하고 금지하는 사상과 모순되는 것으로 정당한 응보의 관념에 부합한다고 보기 어렵다.

피해의 최소성

다수의견: 특정 범죄를 실행하려는 사람은 범죄를 통해 얻을 수 있는 이익에 비해 범죄로 부과될 불이익을 비교하게 될 텐데, 전자보다 후자가 더 크다면 범죄 행위를 포기할 가능성이 커진다. 사형과 비슷한 형벌로는 가석방이 불가능한 종신형이 있지만 이는 사형과 엄연히 다르다. 한 인간에게 가장 소중한 생명을 박탈하는 사형은 무기징역형이나 가석방이 불가능한 종신형보다도 범죄자에 대한 법익 침해의 정도가 크다. 그리고 인간의 생존 본능과 죽음에 대한 근원적 공포까지 고려하면, 사형은 강한 범죄 억지력을 가지지만 종신형은 그렇지 않다.

또한 잔혹한 방법으로 다수의 인명을 살해한 극악한 범죄의 경우에는 범죄자에 대한 무기징역형이나 가석방이 불가능한 종신형의 선고만으로는 부족하다. 형벌로 범죄자의 법익이 침해되는 정도보다 그 범죄로 피해자나 가족들의 법익이 침해되는 정도가 훨씬 커서 범죄와 형벌 사이의 균형성을 잃기 때문이다. 따라서 사형이 아닌 종신형은 피해자 가족과 국민의 정의 관념에도 부합하지 못한다.

반대의견: 사형보다 완화된 수단으로도 사형제도가 달성하려는 목적을 얼마든지 달성할 수 있다. 가석방·사면·감형이 허용되지 않는 절대적 종신형과 같은 수단을 통해 사형제도를 대체할 수 있다. 굳이 범인의 생명을 박탈하지 않고도 국가가 범인을 계속해 수용하는 한 개인과 사회를 보호하는 목적은 범인을 사형시켰을 때와 똑같이 달성된다. 그런데도 범죄인의 근원적 기본권인 생명권을 전면적이고 궁극적으로 박탈하는 제도를 유지하는 것은 피해의 최소성 원칙에 어긋난다. 또한 오판 가능성도 경계해야 한다. 형사재판에서 사실의 인정은 증거에 따르고, 그 증명력은 법관의 자유심증에 의한다.[3] 이와 같은 증거재판주의와 자유심증주의 아래서는 아무리 훌륭한 법관이 아무리 신중하고 적법한 절차를 거쳐 판단한다 하더라도 실체관계와 일치하지 않은 재판을 할 가능성이 언제나 존재한다. 그런데 생명을 박탈하는 사형은 그 침해의 정도가 궁극적이고 전면적이어서 오판임이 발견되었을 때 이를 회복할 수 있는 어떠한 수단도 없다.

법익의 균형성

다수의견: 모든 인간의 생명은 자연적 존재로서 동등한 가치를 지닌다. 하지만 인간의 생명을 부정하는 중요 범죄에 대해 지극히 한정적인 경우에만 부과되는 사형은 죽음에 대한 인간의 본능적 공포심과 범죄에 대한 응보욕구가 서로 맞물려 고안된 필요악으로서 불가피한 것이며, 지금도 여전히 제 기능을 하고 있다는 점에서 정당화될 수 있다. 또한 사형으로 침해되는 사익은 타인의 생명을 박탈하는 등의 극악한 범죄를 저지른 자의 생명 박탈이다. 범죄자의 사익보다 큰 것은 피해자의 사익과 국민의 공익이다. 극악무도한 범죄 행위로 무고하게 살해당했거나 살해당할 위험이 있는 국민의 생명권을 지키는 것이 더욱 중요하다. 따라서 사형이 범죄자의 생명을 빼앗는 것이기는 하지만 범죄의 잔혹함에 비해 과도한 형벌이라고 볼 수 없다.

반대의견: 사형을 통해 침해되는 사익은 개인의 생명과 신체를 박탈하는 것이다. 이는 범죄인에게는 절대적이고 근원적인 기본권의 상실을 의미한다. 반면 이를 통해 달성하고자 하는 공익은 타인의 생명을 침해하는 범죄로부터 사회를 지키고 범죄를 예방하는 것이다. 그런데 사형은 언제나 범죄가 종료된 이후 수사와 재판을 받고 형이 선고되어 수감 중인 개인에 대한 의도적이고 계획적인 생명의 박탈이다. 사형을 통해 보호하려는 타인의 생명권이나 이에 준하는 중대한 법익은 이미 그 침해가 종료되었기 때문에 범죄인의 생명이나 신체를 박탈해야만 하는 긴급성이나 불가피성이 없다. 곧 사형제도가 추구하는 사회방위와 범죄 예방이라는 공익이 어느 정도 실효성을 지닌 것인지 불명

확하다. 그렇다면 공익 비중에 비해 사형으로 침해되는 사익 비중이 훨씬 크다. 따라서 법익의 균형성이 인정되지 않는다.

　한국은 사형을 집행하지 않은 지 오래되었다. 그러나 사형제가 폐지된 건 아니므로 이 문제는 여전히 논쟁 중이다. 인간이 어떻게 저런 범죄를 저지를 수 있나 싶을 정도로 극악무도한 범죄를 서슴지 않는 악한을 대할 때면 사형제가 당연히 필요하다는 생각을 하다가도, 국가가 국민의 목숨을 빼앗는 게 온당한지에 대한 질문과 마주하면 망설이게 된다. 어쩌면 사형제도는 법적 문제라기보다는 철학적 문제인지도 모른다.

✚ 징용 피해자들은 일본에 손해배상을 청구할 수 있을까?

지옥도에서 있었던 일

_〈군함도〉

군함을 닮은 지옥섬

일본 나가사키 현 나가사키항에서 남서쪽으로 약 18킬로미터 떨어진 곳에 작은 섬 하나가 있다. 원래 이름은 하시마端島지만 일본의 해상군함 '도사'를 닮아 군함도軍艦島라 불리는 섬이다. 이곳은 축구장 두 개 크기의 인공 섬으로 섬 전체가 탄광이다. 평균 온도가 45도 이상인 갱도에서 살인적인 강제 노동을 감당해야 했던 조선인들에게 이곳은 지옥도였다.

이 섬에 서로 다른 배경과 사연을 가진 조선인들이 모여든다. 경성 반도호텔에서 춤추고 노래하기를 즐기는 악단장 강옥(황정민)과 그의 하나뿐인 소중한 딸 소희(김수안), 종로 일대를 주름잡던 주먹 칠성(소지섭), 일제 치하에서 산전수전을 다 겪은 말년(이정현), 그리고 특별한 임무를 가지고 일본에 침투한 광복군 소속 특수요원 무영(송중기)도 그들

중 일부다.

각자 이곳에 온 사연은 다르지만 목표는 하나다. 이 섬을 무사히 빠져나가 고국인 조선으로 돌아가는 것이다. 하지만 일본이 이들을 순순히 놓아줄 리 없으므로 섬을 빠져나가는 일이 호락호락하지 않다. 그야말로 목숨을 건 사투가 벌어진다. 처절한 사투 끝에 목숨을 잃는 사람도 부지기수다.

강제징용 피해자들은 가해자인 일본 회사에 손해배상을 청구할 수 있을까?

피해자들의 외침

이명목 씨 등 6명(이하 '피해자들')은 1944년 히로시마 미쓰비시기계제작소와 조선소로 끌려가 1945년 8월 6일 히로시마에 원자폭탄이 투하되어 작업이 중단될 때까지 일하다 천신만고 끝에 귀국했다. 그리고 2000년 5월 1일 대한민국 법원에 미쓰비시중공업주식회사(이하 '미쓰비시')를 상대로 소송을 제기했다. 미쓰비시가 국제법을 위반해 불법행위를 했으므로 손해를 배상하고 지급하지 않은 임금도 달라는 요구였다.

일제강점기라는 상황을 이용해 조선인을 강제로 끌고 가 짐승처럼 부리고 경제적 이익을 독점한 회사라면 응당 피해자들에게 배상하는 것이 마땅하다. 그것이 인간에 대한 예의이자 최소한의 상식이지만, 미쓰비시는 그러지 않았다. 징용은 조선인들이 자발적으로 참여한 것이고 적법한 절차에 따라 진행된 것이기에 불법적 요소가 없다고 주장했으며, 설령 불법적 요소가 있다 하더라도 다음과 같은 네 가지 이유로 책임이 없다고 강변했다.

첫째, 강제징용에 관여한 회사는 이미 소멸해 없어졌다.
둘째, 한국과 일본이 청구권 협정을 맺어 이미 이 문제는 완전히 해결되었다.
셋째, 피해자들이 일본에서 제기한 소송에서 이미 패소했다.
넷째, 너무 오랜 시간이 지나 피해자들은 손해배상을 청구할 수 없다.

말도 안 되는 소리처럼 들리겠지만, 법적 관점으로만 보면 터무니없는 말은 아니다. 어느 정도 법적 혹은 논리적 근거를 갖추고 있는 듯하다. 그렇다면 미쓰비시의 주장에 대해 한국 대법원[4]은 어떤 판단을 내렸는지 자세히 살펴보자.

불법행위를 한 회사가 사라졌다고?

미쓰비시의 첫째 주장은 불법행위를 한 회사가 사라지고 없다는 것이다. 미쓰비시 주장이 맞는지 판단하려면 먼저 미쓰비시중공업의 역사를 알아야 한다.

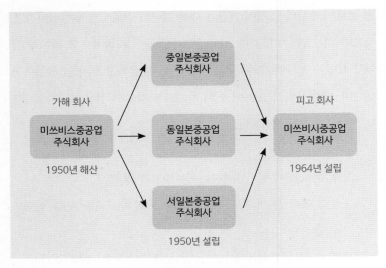

중일본중공업
주식회사

가해 회사

미쓰비스중공업
주식회사

동일본중공업
주식회사

피고 회사

미쓰비시중공업
주식회사

1950년 해산

서일본중공업
주식회사

1964년 설립

1950년 설립

미쓰비시중공업 변천 과정

1950년 미쓰비시중공업주식회사(이하 '구 미쓰비시')는 재건정비계획에 따라 해산된 뒤 중일본중공업주식회사, 동일본중공업주식회사, 서일본중공업주식회사로 나뉘어 설립되었다. 그 뒤 1964년 중일본중공업주식회사가 동일본중공업주식회사, 서일본중공업주식회사를 흡수합병해 현재의 미쓰비시중공업주식회사가 되었다.

얼핏 보면 "가해행위를 한 회사인 구 미쓰비시가 해산되었고, 피고 회사인 미쓰비시중공업은 다른 회사이기 때문에 가해자들에게 책임을 질 필요가 없다"라는 주장이 타당해 보일지 모른다. A가 한 행위를 A와 무관한 B에게 책임지우는 것은 합리적이지 않으니 말이다. 하지만 그것은 두 회사가 별개의 회사일 경우의 이야기다. 대법원은 두 회사가 법적으로 동일한 회사라고 보았다.

구 미쓰비시의 직원들은 중일본중공업주식회사, 동일본중공업주식회사, 서일본중공업주식회사로 소속을 옮길 때 직위, 급료를 그대로 이어갔고, 구 미쓰비시에서의 재직기간을 통산해 퇴직금을 산정했다. 또 이들 세 회사의 초대 사장은 모두 구 미쓰비시의 상무이사들이었다. 한 회사가 세 개로 나뉘었다가 다시 합쳐졌다는 것을 알 수 있는 대목이다. 또한 현재 미쓰비시가 구 미쓰비시를 기업 역사의 한 부분으로 인정하고 있다는 점도 동일한 회사로 본 판단 근거다. 한마디로 구 미쓰비시와 현재의 미쓰비시는 무늬만 다를 뿐 연속성을 가진 동일한 회사인 것이다.

한국과 일본이 청구권 협정을 맺었다고?

미쓰비시의 둘째 주장은 "한국과 일본이 청구권 협정을 맺어 강제 징용 문제를 완전히 합의하였으므로 배상 문제도 해결되었다"라는 것이다.

태평양전쟁이 끝난 뒤인 1951년 9월 8일 미국 샌프란시스코에서 미국, 영국을 포함한 연합국과 일본은 전후 배상 문제를 해결하기 위해 대일평화조약을 체결했다. 대한민국 정부와 일본 정부는 1965년 6월 22일 '국교정상화를 위한 대한민국과 일본국 간의 기본관계에 관한 조약'과 그 부속 협정으로 '대한민국과 일본국 간의 재산 및 청구권에 관한 문제의 해결과 경제협력에 관한 협정'(이하 '청구권 협정')을 체결했다.

미쓰비시는 이를 근거로 청구권 협정에서 이미 합의가 끝난 문제라 주장했고, 영화 〈군함도〉가 상영되자 일본 관방장관까지 나서 이런 주장을 다시 펼쳤다. 그러나 한국 대법원은 청구권 협정을 체결했다고 해서 피해자들이 미쓰비시에 손해배상을 청구할 수 없는 건 아니라고 판단했다. 그 근거는 다음과 같다.

먼저 일본의 국가권력이 관여한 반인도적 불법행위나 식민지배와 직결된 불법행위로 인한 손해배상청구권이 청구권 협정의 적용 대상에 포함되었다고 보기 어렵다는 것이다. 또한 국가가 조약을 체결해 외교적 보호권을 포기한다 하더라도 국가와 별개의 법인격을 가진 국민 개인의 동의 없이 개인 청구권을 직접적으로 소멸시킬 수는 없다고 봤다. 쉽게 말해 강제징용에 관한 사항은 애초 청구권 협정에 포함된 사항도 아니고, 아무리 국가라 해도 국민이 가지는 청구권을 없앨 수 없다는 것이다.

일본에서 제기한 소송에서 패소했다고?

미쓰비시의 셋째 주장은 "피해자들이 이미 일본에서 동일한 소송을 제기해 패소했기 때문에 대한민국 법원도 똑같은 결론을 내려야 한다"는 내용이다.

피해자들은 일본 히로시마지방재판소에 미쓰비시를 상대로 손해배상금과 강제노동 기간에 지급받지 못한 임금을 현재 가치로 환산해 지급해달라는 소송을 제기했다. 하지만 일본 재판소가 피해자들의 손을 들어줄 리 없었다. 1999년 3월 일본 재판소는 피해자들에게 패소 판결을 내렸다. 피해자들이 히로시마고등재판소에 항소했지만 항소심에서도 패소했다. 한국 대법원에 해당하는 최고재판소에까지 상고했으나 결과는 마찬가지였고 결국 피해자들이 일본에서 제기한 소송은 패소로 결론이 확정되었다.

판결이 확정되면 기판력旣判力이라는 힘이 생긴다. 기판력은 어떤 사건에 대한 판결이 선고되고 그 판결이 확정된 뒤 동일한 사안에 대해 다시 재판을 제기하는 경우, 앞의 판결이 뒤의 판결에 영향력을 미친다는 말이다. 기판력에 따라 나중에 재판을 하는 법원은 앞의 판결과 다른 결론을 낼 수 없다.

그런데 한국 법원의 판결만 기판력을 가지는 건 아니다. 외국 법원도 기판력을 가지는데 미쓰비시는 이 점을 지적한 것이다. 이미 피해자들이 일본에서 패소했고 그 판결이 확정되었으므로 한국 법원도 일본 법원과 동일하게 피해자들의 청구를 기각하는 판결을 내려야 한다는 논리인 것이다. 하지만 대법원은 미쓰비시의 주장을 배척했다.

외국 법원의 판결은 한국 법원의 판결과 다르므로 기판력을 가지려면 일정한 요건을 갖춰야 한다. 일정한 요건 중 하나는 "외국 법원의 판결을 받아들이는 것이 대한민국의 선량한 풍속이나 그 밖의 사회질서에 어긋나지 않아야" 한다는 것이다.[5] 대법원은 강제징용에 대한 일본 판결을 승인하는 것은 대한민국의 선량한 풍속이나 그 밖의 사회질서에 위반된다고 봤다. 그 이유는 무엇일까?

일본 판결은 한반도와 한국인에 대한 일본의 식민지배가 합법적이라는 전제를 깔고 있다. 곧 일제의 국가총동원법과 국민징용령에 따라 징용한 것은 불법적이지 않다고 판단한 것이다. 그러나 일본 판결은 한국 헌법에 배치된다. 대한민국 제헌헌법은 그 전문에서 "유구한 역사와 전통에 빛나는 우리들 대한국민은 기미삼일운동으로 대한민국을 건립하여 세상에 선포한 위대한 독립정신을 계승하여 이제 민주독립국가를 재건함에 있어서"라고 규정했다. 현행 헌법도 그 전문에 "유구한 역사와 전통에 빛나는 우리 대한국민은 3·1운동으로 건립된 대한민국임시정부의 법통과 불의에 항거한 4·19 민주이념을 계승하고"라고 규정한다. 이런 대한민국 헌법 규정에 비춰볼 때 일본의 한반도 지배는 불법적인 강제 점령이 분명하다. 일본 판결은 식민지배가 합법적이라고 보고 있으니 그 판결을 그대로 수용하는 것은 대한민국 헌법의 핵심 가치와 충돌한다.

시간이 너무 많이 지났다고?

미쓰비시의 마지막 주장은 "시간이 많이 지났다"는 것인데, 이는 소멸시효와 연관된다. 권리는 무한하지 않고 일정한 시간이 지나면 사라질 수 있다. 소멸시효는 권리가 행사되지 않는 상태가 지속되면 그 권리를 소멸시키는 제도다. 소멸시효는 현재의 상태를 존중해 혼란을 최소화함으로써 법적 안정성에 기여하지만 정당한 권리 행사를 막는다는 점에서 불합리한 측면도 있다. 그래서 소멸시효를 주장할 수 없는 예외를 두고 있다. 채권자를 보호해야 할 필요성이 크고, 채무를 갚지 않아도 된다고 했을 때 부당하거나 불공평한 일이 발생하는 특별한 사정이 있는 경우에는 채무자가 소멸시효를 주장할 수 없다. 신의성실의 원칙에 반하는 권리남용에 해당하기 때문이다. 다시 말해 시간이 지났다고 권리를 박탈한 일이 불합리하고 정의에 반할 때는 소멸시효가 적용되지 않는 것이다.

대법원은 미쓰비시가 소멸시효를 주장하는 것은 권리남용이라고 판단했다. 미쓰비시의 불법행위가 있은 뒤 1965년 6월 22일 한일 간의 국교가 수립될 때까지는 일본과 대한민국 사이의 국교가 단절되었기에 대한민국에서 판결을 받더라도 피해자들이 미쓰비시를 상대로 판결 내용을 집행할 수 없었다. 1965년 한일 간 국교가 정상화되긴 했지만 한일 청구권 협정 관련 문서가 모두 공개되지 않았다. 이 때문에 일본 또는 일본 국민에 대한 대한민국 국민의 개인 청구권이 포괄적으로 해결되었다는 해석이 한국 내에서 받아들여졌다. 이런 상황에서는 미쓰비시를 상대로 소송을 제기하는 권리행사가 사실상 불가능했다. 곧 피해자들이 권리를 행사할 방법이 없었던 것이다. 따라서 이를 이유로 소멸시효가 지났다며 책임을 피하려는 행위는 권리남용이라 본 것이다. 더군다나 미쓰비시는 폭력적 방법으로 피해자들을 징용해 노동력을 착취한 당사자다.

일본과 독일은 전범戰犯국가라는 공통점이 있지만 과거 전쟁에 대한 태도는 사뭇 달라 비교되곤 한다. 과거 잘못을 끊임없이 반성하고 되새기는 독일과 달리 명백한 사실을 마주하고도 억지 주장을 펴며 과

오를 인정하지 않는 일본의 모습은 안타깝기 그지없다. 자랑스러운 역사도 있지만, 부끄러운 역사도 분명히 존재한다. 부끄러운 역사라도 승계하는 것이 후손의 몫임을 일본은 깨달아야 할 것이다.

+ 5월의 광주에 대해 두 전직 대통령은 어떤 책임을 질까?

두 전직 대통령이
법정에 선 배경
_⟨택시운전사⟩

운전대를 잡은 한 남자와 카메라를 든 기자

택시를 운전하며 홀로 어린 딸을 키우는 김만섭(송강호)은 1980년 대를 살아가는 평범한 소시민이다. 시위 때문에 도로가 꽉 막히자 월 수입이 줄어들까봐 걱정하고, 주인집 아이와 딸아이가 싸워 딸이 상처 를 입자 호되게 항의하러 가지만 밀린 월세 이야기에 그만 고개를 숙이 고 만다. 홀로 아이를 키우던 그는 생계비를 고민하던 차에 큰돈을 벌 수 있다는 소식을 접하고 영문도 모른 채 외국 손님을 태워 광주로 향 한다. 그의 택시를 탄 사람은 독일 출신의 기자 위르겐 힌츠페터Jürgen Hinzpeter(토마스 크레취만).

광주 상황이 얼마나 심각한지 알지 못했던 김만섭은 현실을 목격 하곤 깜짝 놀란다. 어느 정도 상황을 짐작했던 힌츠페터도 놀라기는 마찬가지였다. 하지만 놀라고 있을 수만은 없다. '사건이 있는 곳이라면 어디든 가는 것이 기자'라는 직업의식이 충만했던 힌츠페터는 본분에 맞게 광주의 실상을 카메라에 담기 시작한다.

좌고우면하지 않고 앞으로 돌진하는 힌츠페터와 달리 평범한 소시민인 김만섭은 혼란스럽다. 무고한 시민을 두드려 팰 뿐 아니라 발포도 서슴지 않는 군인들의 무자비함에 분노하는 한편, 서울에서 홀로 지낼 딸 걱정에 마음이 불안하다.

1980년 광주 이야기에서 빼놓을 수 없는 두 사람 전두환, 노태우. 이들은 왜 법정에 섰고 법원은 어떤 판결을 내렸을까?

법정에 피고인으로 선 전직 대통령

대한민국에서 가장 강력한 힘을 가진 사람은 바로 대통령이다. 무소불위의 권력을 가지고 정치, 경제, 사회, 문화 전반에 엄청난 영향을 행사하기 때문이다. 하지만 권불십년이라는 말처럼 권력의 유효기간은 그리 길지 않다.

다른 사람도 아닌 일국의 전직 대통령이 형사재판 피고인이 되는 일은 흔치 않을 것이다. 세기의 재판이 열리는 법정에는 사건을 취재하려는 기자들로 북적거렸고 국민들의 관심도 매우 높았다. 전직 대통령에게 유죄가 선고될 것인지, 만약 유죄가 선고된다면 어떤 형벌이 내려질지가 주된 관심사항이었다. 대통령도 피고인이 될 수 있다는 것은 법 앞의 평등을 천명한 헌법 정신에 비춰보면 당연한 것이지만 당사자 입장에서는 매우 곤혹스러운 일일 것이다.

전두환, 노태우 전 대통령의 이야기다. 우연찮게도 전두환, 노태우 전직 대통령은 모두 같은 법정에서 재판을 받았다. 전두환, 노태우가 재판을 받게 된 것은 12·12군사반란을 주도한 혐의 때문이다. 장기간 대한민국을 통치하던 박정희 대통령이 1979년 10월 26일 갑작스럽게 서거하자 사회는 커다란 혼란에 빠졌다. 이 혼란을 수습한다는 명목으로 정권을 차지한 이들은 전두환을 중심으로 한 신군부세력이었다. 육군참모총장인 정승화 계엄사령관을 강제로 연행한 것을 시작으로 이들은 차근차근 권력 요직을 장악해나갔다. 당시 대통령이던 최규하의 허락 없이, 주권자인 국민의 동의 없이 벌어진 일이었다.

1979년 12월 12일을 전후로 발생한 일을 어떻게 규정해야 할 것인지는 사람마다 생각이 다를 수 있다. 당시 사건을 주동한 사람 입장에서는 군사혁명이라 부르고 싶겠지만, 일반적으로는 군사반란으로 규정된다. 법적 관점에서 12·12사건을 볼 때 직면하는 핵심 질문은 두 가지다. 첫째는 "군사반란과 내란을 통해 정권을 장악한 경우 사법적 판단을 할 수 있는가?"이고, 둘째는 "만약 사법적 판단이 가능하다면 두 사람이 주동한 12·12군사반란이 형법상 내란죄에 해당하는가?"이다.

성공한 쿠데타는 처벌할 수 없다?

1995년경 12·12군사반란 주동자들에 대한 사법처리가 필요하다는 여론이 일자 당시 사건을 수사하던 모 검사가 다음과 같은 말을 했다고 한다.

"성공한 쿠데타는 처벌할 수 없다."

궤변이라 생각할 수도 있지만 법적 근거가 전혀 없는 말은 아니다. 이런 주장의 배경을 이해하려면 통치행위라는 개념을 이해해야 한다.

통치행위統治行爲는 이른바 고도의 정치성을 띤 국가행위를 말한다. 이에 대해 법원은 스스로 사법심사권의 행사를 억제해 그 심사 대상에서 제외한다. 쉽게 말해 특정 행위가 법에 위반되는지, 그렇지 않은지 따지는 게 적절하지 않다는 것이다. 통치행위를 인정하는 것은 정치에 고유한 특성이 있어서다. 정치는 원칙적으로 법 테두리 안에서 작동하지만 항상 그런 것은 아니다. 때로는 현행법에 어긋나지만 정치적 결단을 통해 정치적 이상을 실현해나가기도 하는데, 예를 들면 남북정상회담 같은 것이 그렇다. 또한 대통령과 국회는 국민의 선택으로 선출되지만 법원은 그렇지 않다. 정치적 책임을 지지 않기 때문에 고도의 정치적 행위에 대해서는 판단하지 않는다. 이것이 통치행위를 인정하는 근거다. 따라서 12·12군사반란도 통치행위의 일종으로 보아 법원이 사법적으로 심사하지 말고 주권자인 국민의 정치적 의사형성과정을 통해 해결하는 것이 바람직하다는 견해가 존재하는 것이다.

하지만 대법원은 사법적 판단이 가능하다고 봤다.[6] 대한민국 헌법은 국민주권주의, 자유민주주의, 국민의 기본권보장, 법치주의 등을 국가의 근본 이념 및 기본 원리로 삼고 있다. 그런데 헌법에서 정한 민주적 절차에 따르지 않고 폭력으로 헌법기관의 권능 행사를 불가능하게 하거나 정권을 장악하는 행위는 어떤 경우에도 용인될 수 없으며, 결국 군사반란과 내란행위는 사법심사 및 처벌 대상이 된다고 판단한 것이다. 대법원 입장을 한마디로 요약하면 다음과 같다.

"성공한 쿠데타도 처벌할 수 있다."

내란죄

내란이란 뭘까? 사전적 의미의 내란內亂은 "나라 안에서 정권을 차지하려고 벌이는 전쟁이나 병란"이다. 법적 의미의 내란은 형법에서 규정하고 있다. "국토를 참절하거나 국헌을 문란할 목적으로 폭동한 자"는 내란죄로 처벌되는데, 수괴(우두머리)는 사형·무기징역·무기금고에 처해진다. 또 내란을 모의하는 일에 참여하기만 해도 무기 또는 5년 이상의 징역이나 금고형을 받을 수 있다. 형법상의 내란죄가 성립하기 위한 첫째 요건은 국토를 참절하거나 국헌을 문란할 목적을 가졌을 때다.

국토 참절僭竊은 국가 영토의 일부를 점거해 국가의 주권 행사를 사실상 배제하고 국가의 존립, 안전을 침해하는 일을 의미하는데, 중앙집권적 권력구조를 가진 한국에서는 쉽게 발생할 수 없는 일이다. 국헌 문란이란 뭘까? 국헌國憲은 나라의 근본이 되는 법규다. 곧 국헌 문란은 나라의 근본이 되는 법규를 혼란스럽게 만드는 걸 말한다. 형법은 구체적으로 "헌법 또는 법률에 정한 절차에 의하지 않고 헌법 또는 법률의 기능을 소멸시키는 것" "헌법에 의하여 설치된 국가기관을 강압에 의하여 전복 또는 그 권능행사를 불가능하게 하는 것"을 그 사례로 제시한다.

두 전직 대통령은 12·12군사반란으로 군 지휘권과 국가 정보기관을 실질적으로 장악한 뒤 정권을 탈취하기 위해 1980년 5월 초순경부터 이른바 시국수습방안을 마련한다. 주된 내용은 비상계엄을 전국으로 확대하고, 국가보위비상대책위원회(국보위)를 설치하는 것이었다. 그 계획에 따라 대통령과 국무총리를 협박하고 병력을 동원해 국무회의장을 포위하는 등 폭력적 수단으로 비상계엄의 확대를 의결·선포하게 만들었다. 국보위가 사실상 국무회의 또는 행정 각 부를 통제하거나 그 기능을 대신하면서 헌법기관인 행정 각 부와 대통령은 허수아비가 되고 말았다.

곧 두 전직 대통령이 비상계엄을 전국으로 확대해 전권을 장악하고 국무총리의 통할권과 이에 대한 국무회의의 심의권을 배제시킨 것은 헌법기관인 국무총리와 국무회의의 권능행사를 강압으로 불가능하게 만든 것이므로 국헌 문란에 해당한다는 것이 법원의 판단이었다.

형법상 내란죄가 성립하기 위한 둘째 요건은 폭동이다. 1980년 5월 당시 시행되던 계엄법 같은 관계 법령에 따라 비상계엄을 전국으로 확대하게 되면 필연적으로 국민의 기본권이 제약될 수밖에 없었다. 민간인인 국방부장관은 가지고 있던 지휘감독권을 계엄사령관에게 빼앗기게 되므로, 군부를 대표하는 계엄사령관의 권한은 더욱 강화된다. 그와 함께 국정 전반을 관리하는 국무총리의 권한과 국무회의의 심의

권은 배제되고 만다. 이에 법원은 비상계엄 전국확대 조치가 내란죄의 폭동에 해당한다고 판결했다.

　그러자 두 전직 대통령은 자신들은 폭동을 일으킨 적이 없고, 오히려 광주 시민 일부가 폭동을 일으켜 계엄군이 진압한 것은 정당한 계엄 업무의 수행이었다고 주장했다. 하지만 법원은 받아들이지 않았다. 광주 시민들이 두 전직 대통령의 국헌 문란 행위에 항의할 목적으로 대규모 시위에 나선 것이므로 이는 주권자이며 헌법제정권력인 국민이 헌법 수호를 위해 결집한 행위라고 본 것이다. 또 당시 광주는 폭도들이 무고한 시민을 위협하는 무법 상태가 아니었다. 시위대와 일반 시민들은 한몸처럼 서로를 돕고 위로했다. 무고한 시민들을 학살한 이들은 오히려 계엄군이었다. 계엄군은 시민이 탄 버스나 민가는 물론이고, 시위와 상관없는 여성이나 어린아이들에게까지 총격을 가해 막대한 인명피해를 일으켰다.

끝나지 않은 일

　법원이 인정한 전두환 전 대통령의 죄는 반란수괴죄였고, 노태우 전 대통령의 죄는 반란모의참여죄였다. 전두환 전 대통령이 주도적으로 반란을 일으켰고, 노태우 전 대통령이 이에 동조했다고 본 것이다. 법원은 전두환 전 대통령에게 무기징역을, 노태우 전 대통령에게 징역 17년형을 선고했다. 이후 김영삼 전 대통령은 판결 8개월 만인 1997년 12월 22일 국민대통합을 명분으로 특별사면을 단행해 두 사람을 석방했다.

큰 잘못을 저질렀으면 과거를 반성하며 조용히 지낼 법도 한데 이들은 그러지 않았다. 전두환 전 대통령은 회고록을 출간해 "5·18광주민주화운동에 참가한 600명의 시위대가 북한에서 내려온 특수군"이라는 주장을 폈다. 결국 회고록은 출판이 금지되었다. 아직 광주민주화운동이 현재형이라는 점을 보여주는 대목이다.

+ 국가도 잘못을 하면 배상을 할까?

100원 소송을 제기한 윤진원
_〈소수의견〉

100원 국가배상청구소송

강제철거 현장에서 농성을 벌이던 철거민 박재호(이경영)는 경찰을 죽인 현행범으로 체포되어 형사재판을 받는다. 박재호의 변호를 맡게 된 사람은 국선전담변호사로 활동하는 윤진원 변호사(윤계상). 박재호는 윤진원에게 충격적인 이야기를 한다. 자신의 아들을 죽인 건 용역깡패가 아니라 경찰이고, 이를 막으려는 과정에서 경찰이 사망한 것이므로 자신은 무죄라는 것이다. 박재호의 말을 온전히 믿지 못한 윤진원은 변호사 특유의 냉정함을 유지하며 국선변호인 선임을 원하는지 박재호에게 묻는다.

처음에는 반신반의했지만 사건에 대해 점점 알아가면서 윤진원은 박재호의 말을 신뢰하기 시작한다. 윤진원의 생각이 바뀐 데는 이 사건에 특별히 관심이 많은 신문기자 수경(김옥빈)이 중요한 역할을 한다. 하지만 상황은 호락호락하지 않다. 박재호 아들의 사망에 대한 책임을 묻기 위해 경찰이 피고인으로 법정에 서지만 유죄를 밝혀야 할 검찰은 의지가 없고 오히려 무죄를 구형한다.

대응책을 고심하던 진원은 선배 변호사인 대석(유해진)에게 국가배상청구소송을 제기하자고 제안한다. 한때는 독재 타도를 외치던 운동권이었다가 사법시험에 합격한 뒤에는 이혼 전문 변호사가 된 대석은 돈 안 되는 사건은 맡지 않는다는 걸 철칙으로 삼고 있지만, 고심 끝에 진원의 제안을 수락한다. 그런데 소송 가액이 단돈 100원이다. 돈을 받겠다는 목적이 아니라 이 소송을 널리 알려 진실을 밝히는 데 매진하겠다는 의지다.

국민이 국가를 피고로 삼는 국가배상청구소송은 언제 청구할 수 있을까? 국가배상청구소송을 둘러싼 논쟁은 무엇이 있을까?

국가가 손해배상을 하는 두 가지 경우

행동에는 책임이 따른다. 특히 법에 어긋난 행동을 했을 때는 응당 책임을 져야 한다. 그건 보통 사람만이 아니라 국가에도 동일하게 적용된다. 국가가 잘못한 일에 대해 금전적으로 책임지는 것(달리 말하면 손해배상을 하는 것)을 국가배상이라 부른다.

손해배상損害賠償과 구별되는 개념으로는 손실보상損失報償이 있다. 둘 다 돈을 지급한다는 점에서는 같지만 지급하는 돈의 성격이 다르다는 점에서 구분된다. 양자를 가리는 기준은 돈을 지급하는 원인이 된 행위가 위법한지 여부다. 법에 어긋나는 일이 벌어졌을 때 하는 게 손해배상이라면, 손실보상은 적법한 행위를 했는데도 피해를 야기한 경우 그 피해를 보전해주는 것이다. 정부청사 건설과 같이 공적인 일을 하기 위해 국민 개인의 땅을 강제로 사면서 보상해주는 토지수용이 손실보상의 대표 사례라 하겠다.

국가는 국민, 영토, 주권으로 이뤄진 관념적 존재로서 눈에 보이는 실체를 가진 건 아니다. 그런 국가가 어떻게 위법한 행동을 할 수 있을까? 국가 행정은 공무원이 하기 때문에 그들이 한 행동을 국가가 한 행동으로 본다. 물론 공무원이 한 행동에 대해 국가가 무조건 책임지는 것은 아니다. 우선 공무원이 공적 직무를 집행하는 과정에서 한 행위여야 한다. 당연한 이야기지만 공무원이 휴일에 지인들과 술을 마시고 길을 걷다가 기물을 파손했다면 이는 공적 직무집행과 무관하기 때문에 국가가 배상 책임을 지지 않는다. 그리고 공무원의 행위가 위법해야 한다. '위법'이라는 것은 법에 어긋났다는 의미인데, 어떤 행위가 위법한 것인지 가리는 일은 생각만큼 쉽지 않다. 법률에 정해놓은 방식과 다르게 공무를 수행하거나, 법률에서 특정한 행동을 하도록 정해놓았는데 아무런 행동을 하지 않는다면 당연히 위법하다. 하지만 국가배상에서 말하는 위법은 단순한 법 위반보다 조금 더 포괄적인 개념이다. 공무원이 마땅히 지켜야 할 준칙이나 규범(예를 들면 인권존중, 권력남용 금지, 신의성실)을 위반해도 위법한 행위로 평가될 수 있다.

또한 공무원의 위법한 행위와 국민에게 발생한 손해 사이에는 인과관계가 존재해야 한다. 공무원의 행위 때문에 손해가 발생해야 하는 것인데, 인과관계가 필요한 이유는 '까마귀 날자 배 떨어졌다'고 해서 까마귀에게 책임을 돌릴 수는 없기 때문이다.

원칙적으로 국가배상은 공무원의 위법한 행위로 국민에게 손해가 발생한 경우 손해를 배상해주는 것인데, 국가배상법은 예외적으로 공무원이 위법한 행위를 하지 않더라도 국가가 손해배상 책임을 부담하는 경우를 규정해놓았다. 바로 영조물에 하자가 있는 경우다.

영조물營造物이란 공공 목적으로 사용되는 물건이나 설비를 말하는데, 대표적으로는 도로와 하천이 있다(영조물이 일상적으로 많이 쓰이지 않는 표현임을 고려해 편의상 '시설물'이라 하겠다). 예를 들어 집중호우로 산비탈이 무너지는 바람에 교통사고가 났다면, 교통사고 피해자는 도로를 관리하는 국가나 지자체에 손해배상을 요구할 수 있다.

공무원의 위법행위로 인한 손해배상과 시설물 하자로 인한 손해배상의 가장 큰 차이점은 무과실인 경우에도 책임을 지는지 여부다. 공무원의 위법행위 때문에 손해가 발생해 국가로부터 배상을 받으려면 공무원의 고의 또는 과실이 인정되어야 한다. 이에 반해 시설물 하자로 인한 책임은 공무원에게 과실이 없더라도 결과적으로 시설물 설치나 관리에 하자가 존재한다면 손해배상을 받을 수 있다.

그렇다면 설치나 관리상 하자란 무엇일까? 판례는 시설물이 그 용도에 맞게 일반적으로 가지고 있어야 할 안전성이 결여되면 하자가 있는 것으로 본다. 실제 있었던 사례를 보자.

A비행장 근처에 사는 주민들은 항상 소음으로 고통받는다. 공군 훈련기가 동계기간에는 하루 평균 약 64회, 춘계기간에는 하루 평균 약 73회 비행하기 때문이다. 하루 이틀도 아니고 일상적으로 소음공해에 시달리는 주민들은 만성적인 불안감, 집중력 저하 같은 정신적 피해를 입었다. 전화 통화나 텔레비전 시청, 독서, 수면 등 일상에서 중요한 일들이 모두 방해를 받아 삶을 정상적으로 영위하는 데에 많은 지장을 받게 된 것이다. 참다못한 주민들이 국가를 상대로 손해배상소송을 제기했는데, 법원은 주민들 손을 들어주었다.[7] 비행장은 비행기 운행으로 소음이 발생할 수밖에 없는데 그 정도가 참을 만한 수준을 넘어섰다면 비행장에 하자가 있다고 본 것이다.

국가배상을 둘러싼 몇 가지 쟁점들

공무원의 위법한 행동으로 손해를 입은 사람은 누구를 상대로 소송해야 할까? 국가배상청구소송이라는 명칭에서 드러나는 것처럼 국가, 곧 대한민국을 피고로 소송을 제기하는 것이 일반적이다. 국가를 피고로 삼으면 한 가지 좋은 점이 있다. 소송에서 이긴 뒤 돈을 받지 못하는 일이 발생하지 않는다는 것이다. 소송에서 이기면 당연히 돈을 받는 게 아니냐고 생각할 수 있는데, 상대방이 돈이 없으면 법원 판결이 있다고 해도 의미가 없다. 법원은 채무자가 채권자에게 돈을 얼마만큼 지급해야 하는지 정해서 알려줄 뿐이지, 채무자에게서 직접 돈을 받아내 채권자에게 지급하는 일까지는 하지 않는다. 물론 채무자가 돈을 갚지 않을 때 법원에 강제집행을 신청하면 법원이 돈을 받는 과정을 도와주기는 하지만, 채권자의 적극적 노력이 필요하고 채무자에게 돈이 없으면 그 과정도 무의미하다는 점은 동일하다. 그래서 소송을 제기하기 전에는 상대방 재산이 얼마나 있는지 미리 가늠해볼 필요가 있는데, 대한민국이 돈을 지급하지 못할 리는 없으므로 그런 수고는 덜 수 있다. 이처럼 일반적으로 국가를 피고로 삼는 것이 유리하지만, 때로는 국가가 아닌 가해 행위를 한 공무원을 상대로 소송을 제기하고 싶을 때도 있다. 공무원 개인을 피고로 삼아 국가배상청구소송을 제기하는 것도 가능할까? 판례에 따르면 경우에 따라 가능할 수도 있다.

대법원은 공무원의 위법행위가 일어나게 된 과정을 두 가지로 분류한다. 고의 또는 중대한 과실에 의해 위법한 행위가 일어난 때는 공무원 개인도 손해배상 책임을 진다. 하지만 경미한 과실의 경우에는 국가가 손해배상 책임을 지고 공무원은 책임을 지지 않는다.

현실적으로 공무원이 고의로(일부러) 위법행위를 하는 일은 많지 않을 것이다. 대부분 실수로 위법행위가 일어나는 것일 텐데, 그렇다면 과실 정도를 어떻게 판단할 수 있을까? 사실관계를 정확하게 따져 사건별로 다르게 판단해야겠지만, 대법원은 중대 과실의 의미를 "공무원이 약간의 주의만 기울인다면 손쉽게 위법한 결과가 발생할 거라는 사

실을 예측할 수 있음에도 이를 간과하여서 고의와 가까운 정도"라는 일반적 기준을 제시한다.[8]

국가가 손해배상을 해야 하는 대부분의 경우는 공무원이 위법한 행동을 했을 때다. 그런데 공무원이 아무런 행동을 하지 않아 국민에게 손해를 끼친 경우에도 국가는 손해를 배상해야 할까? 정답은 '그렇다'이다. 국가배상에 관한 설명 중 '위법성' 부분에서 간략하게 설명한 것처럼 특정 행동을 해야 하는데도 아무런 행동을 하지 않는 행위 역시 위법하다. 법학에서는 어떤 행동을 해야 하는 사람이 그 의무대로 행동하지 않고 가만히 있는 걸 부작위不作爲라 부른다.

이모씨는 고혈압과 당뇨병을 앓는 환자였다. 병원에서 치료받던 도중 사기죄로 구속되어 교도소에 수감되었는데, 수감 당시만 해도 양쪽 눈의 시력이 모두 1.2로 좋은 편이었다. 이모씨는 교도소 의무관과 면담하면서 과거 당뇨병과 고혈압을 치료한 사실을 말하고 진단서까지 제출했다. 그 뒤 이모씨는 시력이 점점 떨어졌는데, 이모씨를 진료한 의무관은 고혈압으로 인한 증상으로 판단하고 정기 투약 외에 혈압약을 추가로 지급했다. 시력 저하에 대해서는 특별한 치료를 하지 않은 것이다. 그 사이 이모씨의 시력은 점점 나빠져 일 년이 지난 시점에서는 가족들 얼굴도 제대로 알아보지 못하는 상태가 되었다. 출소한 이모씨는 대학병원에서 수술을 받았지만 결국 시력을 회복하지 못하고 실명하고 말았다.

이 사안에서 법원은 국가가 이모씨에게 손해배상을 해야 한다고 판결했다.[9] 이모씨의 실명에 대한 책임을 물은 것이다. 국가가 이모씨의 시력이 나빠지도록 적극적으로 행동한 건 아니다. 그런데도 손해배상 책임을 지는 것은 해야 할 일을 하지 않아서다. 교도소 의무관은 수용자에 대한 의료행위를 하는 경우 생명·신체·건강을 관리하는 업무 성질에 비춰 환자의 구체적 증상이나 상황에 따라 위험을 방지하기 위해 요구되는 최선의 조치를 취해야 할 주의 의무가 있다. 그러나 이 경우 그 의무를 다하지 않은 것으로 본 것이다.

용산참사와 〈소수의견〉

익히 알려진 대로 영화 〈소수의견〉의 모티브가 된 사건은 2009년 발생한 용산참사다. 철거민들은 2009년 1월 19일 서울 용산구에 있는 한 건물에 망루를 짓고 점거 농성을 벌였다. 용산 4구역 재개발의 보상 대책에 반발하며 적절한 보상을 요구한 것이다. 경찰은 철거민들의 농성이 폭력적이라는 이유로 진압에 나섰는데, 철거민들은 화염병 등을 사용해 격렬하게 저항했다. 이 과정에서 화재가 발생해 철거민 다섯 명과 경찰 한 명이 사망하고 말았다. 철거민들은 사람의 생명, 신체 또는 재산에 위험을 발생하게 하는 한편 위험한 물건을 휴대해 시위 진압에 관한 경찰관의 정당한 공무집행을 방해하고, 이 때문에 경찰 한 명을 사망케 했다는 이유로 특수공무집행방해치사죄 등으로 재판을 받았다.

용산참사에 대한 주요 재판은 형사재판이었지만 형사재판과 연관해 국가배상청구소송이 제기된 적이 있다. 그런데 국가배상청구소송을 제기한 이유는 영화와 실제 사이에 차이가 있다. 영화에서는 국가의 잘못으로 박재호의 아들이 사망한 것이 위법하다는 이유로 소송을 제기했지만, 실제 용산참사 소송은 검찰 기록의 공개 여부가 쟁점이었다. 형사재판 과정에서 철거민들의 변호인은 검찰 서류의 열람과 복사를 신청했지만, 검찰은 거부했다. 그러자 변호인은 이를 허용해달라고 법원에 신청했고, 법원은 서류의 열람·복사를 허용했다. 그러나 검찰은 끝내 이를 거부했다.

철거민들은 검찰이 서류의 열람·복사를 허용하지 않은 것은 신속하고 공정한 재판을 받을 권리와 변호인으로부터 조력받을 권리를 침해한 것이고, 공익 대표자로서 객관 의무를 위반한 것이며, 법원의 소송지휘권과 소송 과정에서 입증을 방해하는 불법행위라고 주장하며 손해배상을 청구했다. 이에 법원은 대한민국이 철거민에게 각 300만 원을 지급해야 한다고 판결했다.[10] 법원이 검사의 열람·복사 거부 처분에 정당한 사유가 없다고 판단해 수사서류의 열람·복사를 허용하도록 명한 이상, 법대로 행동해야 하는 검사로서는 당연히 그 결정에 따라야 하는데도 법원 결정을 거부한 것은 위법하다는 이유에서였다.

사람은 누구나 잘못을 저지르고 잘못에 대해서는 책임을 져야 한다. 국가도 마찬가지다. 공무원이 위법한 행위를 하거나 시설물에 하자가 생겨 국민에게 손해가 발생한 경우에는 당연히 금전적 배상을 해야 한다. 잘못하지 않는 것이 최선이겠지만, 이왕 잘못이 발생했다면 금전적 배상이라도 하는 것이 차선일 것이다.

+ 국가는 무엇이어야 할까?

대한민국 헌법 제1조의 의미
_〈변호인〉

"국가란 국민입니다!"

송우석(송강호)은 어렵게 공부한 끝에 마침내 사법시험에 합격해 변호사가 되었다. 하지만 이른바 좋은 학교를 나오지 않았다는 이유로 알게 모르게 무시를 당한다. 주변 비난에도 굴하지 않고 부동산 등기나 세금 업무같이 변호사들이 일반적으로 잘 하지 않던 일을 하면서 돈을 착실히 모아나간다. 그러던 중 평소 자주 가던 국밥집 주인 최순애(김영애)의 아들 진우(임시완)로 인해 시국 사건에 휘말린다. 최순애는 송우석에게 절절한 목소리로 호소한다.

"변호사님아, 내 좀 도와도."

송우석은 국가보안법 위반으로 재판을 받게 된 진우를 변호하는 과정에서 진우가 경찰에게 모진 고문을 받았고, 그 고문을 견디지 못해 허위 자백을 했다는 사실을 알게 된다. 고문 사실을 밝히기 위해 고문을 지시하고 실행한 차동영(곽도원)을 증인으로 부르는데, 차동영은 보통 사람이 아니다. 국가보안법 사건을 전문적으로 처리하는 시국사건 분야 전문가였다. 몸만 잘 쓰는 게 아니라 말솜씨도 뛰어나다. 증인으로 법정에 나와서도 전혀 주눅 들지 않고, 오히려 자신에게 날 선 질문을 던지는 송우석 변호사를 향해 "변호사가 국가보안법을 잘 모르는 것 같으니, 공부 좀 더 하고 오라"는 말도 서슴지 않는다.

하지만 송우석도 만만한 사람은 아니다. 성실하게 재판을 준비해 탄탄한 논리로 맞서나간다. 알리의 권투시합 경기를 예로 들며 명확한 증거도 없이 임의적으로 국가보안법 위반 여부를 판단하는 행위의 맹점을 지적하기도 한다. 그러면서 "책 읽고 토론하는 대학생들의 행위가 국가보안법 위반이라고 판단하는 근거가 도대체 뭐냐?"는 질문을 던진다. 이에 차동영은 "내가 아니라 국가가 판단합니다"라고 응수한다. 그러자 송우석 변호사가 결기에 차서 말한다.

"국가란 국민입니다!"

과연 국가란 무엇일까? 이 질문은 "국가는 무엇이어야 할까?"로 바꿔 생각해볼 수 있다.

대한민국 헌법 제1조

국정농단 사태는 국가권력을 유지하는 시스템이 얼마나 취약할 수 있는지 여실히 드러냈다. 대통령과 오랜 친분을 이용해 사리사욕을 채우는 최순실, 그리고 그와 한몸처럼 행동하며 공권력을 사적으로 사용한 박근혜 전 대통령, 국정이 근본부터 흔들리는 모습을 옆에서 지켜보면서도 문제를 바로잡을 생각조차 하지 않는 고위 관료들의 합작으로 벌어진 총체적 난국을 보며 많은 국민이 탄식을 금할 수 없었다. "이게 나라냐"라는 자조적인 질문이 나올 수밖에 없었다.

국정농단 사태는 국민의 가슴에 이루 말할 수 없이 큰 상처를 남겼지만, 국가와 권력이 무엇인지 다시 생각해보는 계기가 되기도 했다. 국가와 헌법은 떼려야 뗄 수 없는 관계이므로, 국정농단 사태와 탄핵 국면을 거치면서 죽은 활자로만 존재하는 줄 알았던 헌법이 재조명된 것은 당연한 일이었다.

대한민국 헌법 제1조
① 대한민국은 민주공화국이다.
② 대한민국의 주권은 국민에게 있고, 모든 권력은 국민으로부터 나온다.

대한민국 헌법 제1조는 대한민국이 민주공화국이라는 사실을 천명한다. 그렇다면 민주공화국이란 뭘까? 단어 뜻을 살려 그대로 풀이해보면 '민주주의를 정치 형태로 채택하고 있는 공화국'이 된다. 민주주의란 말은 일상에서 흔히 사용하지만 제대로 정의하기는 쉽지 않다. 그만큼 추상적이고 다양한 의미를 함축하고 있기 때문이다. "100명의 학자가 있으면 민주주의에 대한 100개의 정의가 있다"라는 말이 있을 정도다.

민주주의와 가장 먼 거리에 있는 북한조차 민주주의를 표방하는 걸 보면 민주주의가 얼마나 광범위하게 사용되는지 알 수 있다. 이렇게 추상적 개념의 대략적인 의미를 파악할 때 유용한 방법은 반대 개념을 생각해보는 것이다. 민주주의와 대척점에 서 있는 단어는 바로 독재주의다. 독재주의가 권력자 한 사람이 지배하는 체제라면 민주주의는 국민이 주인이 되어 나라를 다스리는 체제다.

공화국의 대응되는 개념은 군주국이다. 군주국에는 왕이 존재하지만 공화국에는 왕이 없다. 가장 높은 자리에 있는 사람은 왕이 아니라 국민이다.

국민주권주의를 실현하는 방법

국민주권주의는 단순한 선언이 아니다. 현실에서 구체적으로 구현될 때 그 의미가 나타난다. 헌법은 국민주권주의를 실현하기 위해 여러 제도를 마련해두고 있다.

첫째는 대의제도다. 국민의 주권 행사 방식은 직접 행사와 간접 행사로 나눌 수 있다. 주권의 주체는 국민이라는 점을 고려하면 국민이 직접 행사하는 것이 가장 바람직하겠지만 현실적으로 쉽지 않다. 모든 국민이 주권을 직접 행사하기에는 국가에 국민이 너무 많고 국민들은 각자 해야 할 일이 있다. 국민이라고 해서 모든 분야를 다 잘 아는 건 아니라는 점도 직접 행사를 어렵게 만드는 요소다.

그래서 대부분의 국가가 대표를 뽑아 그들이 국민을 대신해 국정을 운영하게 만드는 대의제를 채택하고 있는 것이다. 대통령과 국회의원이 국가의 중요 사항을 결정하고 실행할 수 있는 건 국민들이 뽑은 대표이기 때문이다. 대표가 갖는 권력은 본래 태생적으로 가진 게 아니라 국민이 일시적으로 부여한 것이므로 권력을 행사하는 사람들은 국민의 뜻에 따라야 하는 것이지, 자신의 물건처럼 권력을 마음대로 사용해서는 안 된다. 따라서 헌법재판소가 "국민의 의사에 따라 통치권의 담당자가 정해짐으로써 국가권력의 행사도 궁극적으로 국민의 의사에 의하여 정당화될 것을 요구하는 것이다"라는 입장을 취하는 것은 지극히 당연하다.[11]

필요에 따라 대의제를 채택하고 있지만 그렇다고 모든 문제를 대표에게 맡겨두는 건 아니다. 대의제를 통한 간접 민주주의를 추구하면서도 직접 민주주의 요소도 규정하고 있는데, 대표 제도가 국민투표제다. 대통령은 필요하다고 인정될 때 외교나 국방, 통일 또는 기타 국가안위에 관한 중요 정책을 국민투표에 부칠 수 있다. 또한 헌법을 개정하기 위해서는 반드시 국민투표를 거쳐야 한다.

둘째는 선거제도다. 대의제도를 채택하고 있는 이상 선거제도는 필수적이다. 모든 국민은 법률이 정하는 바에 따라 선거권을 갖는데,[12] 공직선거법은 만 19세 이상이 되어야 대통령·국회의원·지방자치단체의 의원이나 장의 선거권을 가진다고 규정한다.[13] 선거는 공정성이 생명이다. 그래서 헌법은 선거와 국민투표를 공정하게 관리하기 위한 조직으로 선거관리위원회를 두도록 규정하고 있다.

셋째는 복수정당제도다. 현대 민주국가는 정당정치를 기반으로 한다. 비슷한 정치 이념을 가진 사람들이 모여 정당을 결성하고 정책을 제시한 뒤, 국민의 선택을 받아 정책을 실천에 옮기는 것이 정당정치다. 정치 이념 혹은 정책 방향성이 하나일 수 없으므로 정당은 여러 개 존재하는 것이 자연스럽고 반드시 필요한 일이기도 하다. 만약 정당이 하나밖에 없다면 독재로 흐를 가능성이 매우 높다. 헌법에서 정당 설립과 복수정당제를 보장하는 이유다.[14]

넷째는 권력분립제도다. 영국의 정치인 존 달버그 액턴John Dalberg Acton은 이렇게 말했다. "권력은 부패하기 쉽다. 절대 권력일수록 절대 부패한다Power tends to corrupt, absolute power corrupts absolutely." 이런 이유로 민주주의는 견제와 균형의 원리를 바탕으로 한다. 권력은 세 갈래로 나뉘는데, 입법권은 국회가, 행정권은 정부가, 사법권은 법원이 가지고 있다. 이들은 서로를 견제할 수 있는 권한이 있다. 국회는 국정감사를 통해 정부를 감독하고, 정부는 법률안거부권을 행사해 국회를 견제한다. 또 국회는 대법관 임명동의나 추천을 통해 법원을, 법원은 위헌법률심판 제청권을 행사해 국회를, 정부는 사면권을 사용해 법원을, 법원은 명령·규칙·심사권을 통해 정부를 견제한다.

헌법은 국가의 최고 규범이다. 따라서 국민이라면 누구나 반드시 지켜야 한다. 권력을 가진 사람도 예외일 수 없다. 공권력을 많이 가진 사람일수록 더욱 철저하게 헌법을 준수해야 한다. 국가의 주인은 국민이라는 점은 상식이기에 부연설명이 필요하지 않을 정도다. 국가는 국민이 부여한 힘을 바탕으로 국민을 안전하게 지키고 국민의 삶이 행복해지도록 노력해야 할 의무가 있다. 이 당연한 사실을 말하기 위해 2016년 겨울 그렇게 많은 국민이 촛불을 높이 들었던 것이다.

헌법재판소는
무엇을 하는 곳일까?

노무현 전 대통령, 박근혜 전 대통령의 탄핵 사건을 겪으면서 '헌법재판소' 하면 탄핵심판을 떠올리게 되었다. 하지만 지금까지 탄핵심판은 딱 두 건밖에 없었으므로 탄핵심판을 헌법재판소의 주된 역할로 보기는 어렵다. 헌법재판소가 하는 일은 다섯 가지다. 헌법소원심판, 위헌법률심판, 탄핵심판, 정당해산심판, 권한쟁의심판이다. 이 가운데 헌법소원심판과 위헌법률심판이 헌법재판소의 주된 기능이라 할 수 있다.

헌법소원심판憲法訴願審判은 공권력에 의해 국민의 기본권이 침해된 경우 헌법재판소에 제소함으로써 그 침해된 기본권의 구제를 청하는 제도다. 비교적 최근 있었던 헌법소원심판 사례로는 구치소의 과밀 수용 문제가 있다.

구치소의 수감시설이 부족해 여러 수형자들이 한 방에서 매우 좁게 지내는 경우가 많다. 잘못을 저질렀다면 처벌을 받는 게 당연하고 그 과정에서 겪는 불편함은 감수하는 게 맞다. 죄를 지어 갇혀 지내는 사람들이 호텔 수준의 안락함을 누릴 수는 없다. 그러나 문제는 좁아도 너무 좁았다는 데 있었다. 평균 신장을 가진 성인 남성이 팔다리를 마음껏 뻗기 어렵고, 모로 누워 '칼잠'을 자야 할 정도로 매우 협소했던 것이다.

이 사안에서 헌법재판소는 "교정시설 1인당 수용 면적이 수형자의 인간으로서 기본 욕구에 따른 생활조차 어렵게 할 만큼 지나치게 협소할 경우에는, 국가형벌권 행사의 한계를 넘어 수형자의 인간의 존엄과 가치를 침해해 헌법에 위반된다"고 결정했다.[15]

위헌법률심판違憲法律審判은 법률이 헌법에 합치하는지 여부를 심판해 위반된다고 판단되는 경우 그 효력을 없애는 제도다. 과거에는 배우자가 있는 사람이 다른 사람과 성관계를 맺으면 간통죄로 처벌받았다. 형벌에 간통죄 처벌 규정이 있었기 때문이다. 강제성이 수반되지 않은 성인 사이의 성관계에 형사적 제재를 가하는 것이 정당한지에 대한 논란이 많았는데, 헌법재판소는 2015년 2월 간통죄를 처벌하는 형법 규정이 헌법에 위반된다는 결정을 내렸다.[16] 간통죄 처벌 규정이 과잉금지원칙에 위배해 국민의 성적 자기결정권과 사생활의 비밀·자유를 침해한다는 이유에서다.

헌법재판소 재판관은 총 아홉 명인데, 위헌법률 결정, 탄핵 결정, 정당해산 결정, 헌법소원에 관한 인용 결정을 하려면 재판관 여섯 명 이상의 찬성이 있어야 한다. 특정 법률에 대해 다섯 명의 재판관이 위헌이라는 의견을 내고, 네 명의 재판관이 합헌이라는 의견을 내 위헌의견이 합헌의견보다 많더라도 헌법재판소의 공식 결정은 합헌이 된다. 다수결 관점에서 보면 이상해 보일 수도 있지만, 헌법에 위반된다는 결정이 사회에 미치는 파급력이 크기에 위헌 결정을 최대한 신중하게 하려는 뜻이 담겨 있다.

민사재판은 변호사 없이 진행할 수 있지만 헌법재판은 다르다. 개인이 헌법재판을 청구하려면 청구인이 변호사 자격이 있지 않은 한 변호사를 대리인으로 선임해야 하는데, 이를 변호사강제주의辯護士强制主義라 한다. 변호사를 강제로 선임하게 하면 변호사를 선임할 경제적 여력이 없는 사람의 헌법재판 청구를 제약할 수 있다. 그래서 헌법재판소는 필요한 경우에 국선대리인 변호사를 선임해 헌법재판을 수행하도록 하고 국선대리인의 보수를 국고에서 지급하고 있다.

1장 일상과 법

1. 대법원 2001년 2월 13일 선고 99다13737 판결.

2. 하도급법 제3조.

3. 근로기준법 제17조.

4. 하도급법 제30조 1항 1호, 근로기준법 제114조 1호.

5. 박용철, 〈거짓말탐지기 검사 결과 활용에 대한 소고〉, 《형사정책》 제25권 제3호.

6. 박희정, 〈폴리그래프 검사에서 희생 관련 질문에 대한 용의자의 생리적 반응 차이〉, 《경찰학연구》 제16권 제3호.

7. 과학수사기본규칙 제22조 제4항.

8. "거짓말탐지기 용하네, 정확도 90% 웃돌아", 쿠키뉴스, 2009년 9월 25일자.

9. 대법원 2005년 5월 26일 선고 2005도130 판결.

10. "거짓말탐지기는 거짓말 안 한다?", 국민일보, 2017년 2월 13일자.

11. 민법 제764조.

12. 부산지방법원 2016년 11월 24일 선고 2015가합45188 판결.

13. 대법원 2012년 11월 15일 선고 2011다86782 판결.

14. 대법원 1999년 1월 26일 선고 97다10215,10222 판결.

15. 대법원 2016년 5월 27일 선고 2015다33489 판결.

16. 대법원 1996년 4월 12일 선고 93다40614,40621 판결.

17. 헌법 제24조.

18. 공직선거법 제15조.

19. "여야, 선거연령 18세 공방 … '정치활동 자유' vs '교육현장 혼란'", 연합뉴스, 2017
    년 9월 14일자.

20. 공직선거법 제16조.

21. 민법 제4조.

22. 민법 제826조의2.

23. 형법 제9조.

24. 소년법 제32조.

25. 소년법 제59조.

26. 특정강력범죄법 제4조.

27. 헌법재판소 2016년 9월 29일 2014헌가9.

28. "'숙식·담배 제공' 노숙자 입원시킨 정신병원장 징역형", 한국일보, 2017년 8월 25
    일자.

2장 범죄와 법

1. 형법 제266조 제1항.

2. 대법원 2008년 10월 23일 선고 2008도6940 판결.

3. 대법원 2006년 4월 14일 선고 2006도734 판결.

4. 대법원 2009년 8월 20일 선고 2008도8213 판결.

5. 미란다 사건에 대해서는 다음 자료를 주로 활용함. 두산백과; 금태섭, 《디케의 눈》,
   궁리, 2008.

6. 대법원 2001년 3월 9일 선고 2001도192 판결.

7. 대법원 1998년 12월 8일 선고 98도3263 판결.

8. 형법 제347조.

9. 대법원 2004년 5월 27일 선고 2003도4531 판결.

10. 대법원 1995년 7월 28일 선고 95도1157 판결.

11. 형법 제347조의2.

12. 대법원 2004년 6월 25일 선고 2003도7124 판결.

13. 대법원 2008년 10월 23일 선고 2008도7362 판결.

14. 대법원 2007년 11월 29일 선고 2007도7680 판결.

15. 대법원 2007년 7월 12일 선고 2006도2339 판결.

16. 형법 제260조 제1항.

17. 형사소송법 제198조 제1항.

3장 법조인과 법

1. 형사소송규칙 제118조.

2. 대법원 2009년 10월 22일 선고 2009도7436 판결.

3. 전주지법 정읍지원 2016년 12월 7일 선고 2016고합29 판결.

4. 형사소송법 제247조.

5. 형사소송법 제91조.

6. 대법원 1990년 2월 13일 자 89모37 결정.

7. "대한변협, 구치소 '집사변호사' 혐의 10명 무더기 징계", 법률신문, 2017년 2월
   14일자.

8. 헌법재판소 1992년 1월 28일 91헌마111.

9. 변호사법 제1조 제1항.

4장 국가와 법

1. https://amnesty.or.kr/what-we-do/death-penalty.

2. 헌법재판소 2010년 2월 25일 2008헌가23.

3. 형사소송법 제308조.

4. 대법원 2012년 5월 24일 선고 2009다22549 판결.

5. 민사소송법 제217조 제1항 제3호.

6. 대법원 1997년 4월 17일 선고 96도3376 전원합의체 판결.

7. 대법원 2010년 11월 25일 선고 2007다74560 판결.

8. 대법원 2011년 9월 8일 선고 2011다34521 판결.

9. 대법원 2005년 3월 10일 선고 2004다65121 판결.

10. 서울중앙지방법원 2010년 9월 28일 선고 2010가단67744 판결.

11. 헌법재판소 2009년 3월 26일 2007헌마843.
12. 헌법 제24조.
13. 공직선거법 제15조.
14. 헌법 제8조.
15. 헌법재판소 2016년 12월 29일 2013헌마142.
16. 헌법재판소 2015년 2월 26일 2009헌바17.

소파 위의 변호사

1판 1쇄 펴냄 2018년 6월 1일
1판 2쇄 펴냄 2019년 7월 10일

지은이 김민철
펴낸이 천경호
종이 월드페이퍼
제작 (주)아트인
펴낸곳 루아크
출판등록 2015년 11월 10일 제409-2015-000020호
주소 10083 경기도 김포시 김포한강2로 208, 410-1301
전화 031.998.6872
팩스 031.5171.3557
이메일 ckh1196@hanmail.net

ISBN 979-11-957139-13-2 03300